오늘 또 뭐 하지?

밀키베이비의 감성 아트놀이

오늘 또 뭐 하지?

밀키베이비의 감성 아트놀이

김우영 지음

창비
교육

알아요, 그 마음

안녕하세요.

지금 제 책을 찾으신 분은 아마도 밤늦게 피로에 지쳐 잠이 들고, 다음 날 끙 하고 일어나 가족의 아침을 준비하는 일과를 보내시겠죠. 그리고 그 바쁜 와중에도 아이에게 더 좋은 배움과 놀이를 찾아 궁리하는 멋진 엄마, 아빠이실 것 같아요.

육아를 하면서 놀이를 위해 따로 시간을 할애하는 것이 얼마나 힘든지 잘 알아요. 그래서 제가 아트놀이 책을 낸다면 준비 시간이 많이 필요하지 않고 준비물도 간단한 놀이를 담아야겠다고 생각했어요. 물론 아이마다 성향도, 취향도 다르기 때문에 늘 놀이가 수월하게 진행되지는 않아요. 그래서 아트놀이 과정을 블로그에 연재하며 주고받은 피드백, 그리고 아트클래스를 통해 얻은 노하우를 넣기로 했어요. '오늘은 아이와 뭐 하고 놀지?'라는 만성적인 고민도 해결하고, 내 아이가 진짜 즐거워하는 놀이 포인트도 발견할 수 있게끔 구성하려고 노력했어요. 따라 하기도, 응용하기도 쉬우실 거예요.

이 책에 나오는 놀이 재료들은 대부분 온라인 몰, 문구점, 마트에서 쉽게 구할 수 있는 것들이에요. 그렇지만 제가 그림을 그리는 사람이다 보니 조금 전문적인 재료들도 같이 소개했어요. 미술에 관심 있으신 부모님들은 기억해 두셨다가 아이가 학교에 들어갈 즈음 함께 사용해 보셔도 좋을 것 같아요.

저는 20대부터 문구류, 미술 재료를 수집해 왔어요. 일러스트 작업을 할 때 이용하기도 하고, 좋은 것은 주변에 소개하기도 하죠. 그런데 미술 재료라는 게 가격도 천차만별인 데다가, 재료가 좋다고 그림을 꼭 잘 그리는 것이 아니더라고요. 비싼 요리 도구를 가지고 매번 요리를 망치는 저처럼요.

저는 오히려 주변에 있는 재료를 새롭게 이용하는 것, 아이와 같이 재미있게 이야기를 만들어 가는 것이 훨씬 질 좋은 아트놀이라고 믿는 사람입니다. 늘 주변을 관찰하며 놀이에 쓸 만한 게 있나 찾아보세요. 그리고 내 아이가 어떨 때 더 즐거워하는지도 살펴보세요. 오늘부터 아주 조금씩, 꾸준히요. 그 과정에서 이 책이 든든한 지원군이 되면 좋겠습니다.

한 움큼 더 풍요로운, 아이와의 놀이 시간을 만들어 나가시길!

밀키베이비 김우영

Contents

아트놀이 모아 보기

곰손도 할 수 있는
초간단 아트놀이

밀키베이비 유튜브 채널로
오세요. 작가가 직접 만든
다양한 콘텐츠가 있습니다!

1

안녕하세요,
밀키베이비입니다.

아이가 내키는 대로 손을 움직이고 생각을 떠올릴 때
어른이 그것을 '틀렸다' 혹은 '실패했다'고 평가하는 것을
멈춰야 해요.

01
/

아트놀이,
이렇게 만들었어요

놀이에 시행착오를 겪던 시절

출퇴근길에 지역 맘 카페를 자주 훑어보던 시절이 있었어요. 아이들 교육에 대해 환한 엄마들의 글을 읽다 보면 '나도 시간이 조금 더 있다면 밀키한테 이것도 해 주고, 저것도 해 줄 수 있는데……' 싶었죠. 그러나 정작 주말에 밀키와 씨름하다 보면 엄마인 제가 먼저 체력이 방전되어, 스마트폰을 쥐여 주며 '언제쯤 너 혼자 놀 거니?'란 말을 꿀꺽 삼켰어요.

아이를 방치해 두기엔 너무나 소중한 시기. 그런데 '앞으로 이 아이의 인생을 좌우할 지능 지수나 감성 지수를 높여 줘야 하는데……'란 고민만 반복할 뿐 뭘 어떻게 놀아 주어야 할지 감도 못 잡던 시기가 있었어요. 놀이와 상관없는 내용의 육아서를 펼치거나 아이의 발달에 도움이 되는 놀이만을 찾아 헤매는 일이 잦았죠. 그러거나 말

거나, 밀키는 옆에서 제 옷을 끌어당기며 놀자고 난리였습니다.

"가만있어 봐. 밀키랑 할 놀이를 찾고 있잖아. 오, 이거 좋겠다. 이것은 소근육 발달에 좋고요……. 협응력과 주도성을 기를 수 있고요……. 밀키야, 이거 하고 놀까?"

가만 보니 시작부터 엄마가 주도하는 분위기입니다. 아이랑 순수하게 놀려고 했는데, 어느 순간 아이의 뇌 발달을 위한다며 제가 고른 놀이를 하고 있었죠. 저란 사람은 너무나 모순덩어리입니다. 역시나, 아이는 3초 후 등을 돌렸습니다.

"이렇게 놀면 됩니다."라는 식의 일부 놀이 참고서들을 보면 뭔가 '공부'하고 있다는 느낌을 지울 수가 없었어요. 공부를 앞세운 놀이를 아이에게 선보이면 재미있을 리가 없죠. (우선은 제가 재미없었습니다.) '이건 진짜 놀이가 아닌데…….'라는 생각이 엄습해 왔어요. 가슴에 손을 얹고 생각해 봤어요.

'아이의 머리를 좋게 만들기 위해 놀이를 하는 것인가,
아니면 내가 쉬는 시간을 확보하려고 놀이를 하는 것인가.'

어머나, 둘 다였습니다.

그 어느 쪽도 저와 아이에게 바람직하지 않았죠.

아트놀이가 시작된 계기

마침 한 온라인 아트 매거진에서 아이를 키우는 분들을 대상으로 하는 칼럼 연재 제안이 왔어요. 그동안 밀키베이비 육아 그림 에세이를 꾸준히 연재한 덕분에 주어진 기회였어요. 저는 고민이었던 아이들의 놀이에 대해 좀 더 연구해 보기로 했어요. 아이다운 놀이를 조사하고, 만들어 보고, 실제로 밀키와 해 본 결과를 열심히 공유했지요. 기대 이상으로 반응이 엄청났어요. 저만큼 '진짜' 놀이에 목말라 있던 부모님과 아이들이 무수히 많이 있었던 것이죠.

아트놀이 시리즈 연재가 성공적이었던 또 하나의 이유는, 아마도 제가 어릴 적부터 잘 놀았기 때문이 아닐까 생각합니다. 공부를 '1'도 하지 않아서 구구단마저 헷갈렸던 시절, 열 살 무렵까지 저는 정말 열심히 놀았답니다. 그때 했던 놀이가 지금도 세세하게 기억이 나요. 처음 아이와의 놀이를 시작할 때 저는 철저히 주변의 도구를 이용하고, 기억 속의 놀이를 하나씩 끄집어냈어요. 아이뿐만 아니라 엄마인 저도 즐거워야 좋은 출발을 할 수 있을 것 같았죠. 순수하게 놀았던 그때의 시간이 큰 재산처럼 느껴져요. '이렇게 아이를 놀게만 놔두면 안 되는 것 아냐?'라는 걱정에 사로잡히지 않으려고 노력했어요.

저에게 가장 즐거운 놀이는 '그림 그리기'였어요. 그러다 보니 '그림 작가'와 '디자이너'라는 직업을 갖게 되었죠. 제가 좋아하는 또 다른 놀이인 '영상 만들기'는 대학 전공으로 이어졌고요. 겉으로 보기엔 순탄하게 대학을 가고 평범하게 일을 찾아 하고 있는 것 같지만, 제 놀이를 필사적으로 지켜 온 것이 삶의 중요한 축이 된 것 같아요. 그래서 저는 앞으로 밀키가 본인의 인생을 결정짓는 데 축이 되는 좋은 놀이 하나를 찾을 수 있도록 물심양면으로 도우려고 해요.

칼럼 연재가 끝난 후에도 예술이 결합된 놀이를 밀키와 계속해 나갔어요. 아이가 성장함에 따라 놀이도 조금씩 정교해지고 재료도 늘어났죠. 다양한 곳에 초대되어 아트클래스를 진행할 기회도 생겼어요. 그리고 여러 종류의 아트클래스를 진행하면서 아이들에게는 이미 예술적인 잠재력이 충분하다는 사실을 새삼 깨달았답니다. 이 능력이 사라지지 않게 지켜 주고 북돋아 주고자 고심하며 진행한 아트놀이 과정을 여러분과 공유하고자 해요. 아이디어는 서로 나눌 때 더 빛나는 법이니까요.

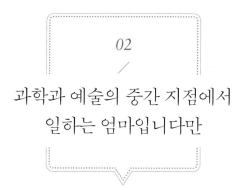

02

/

과학과 예술의 중간 지점에서
일하는 엄마입니다만

미래 지향적인 기술과 관련된 일을 하다 보니

저는 IT 기업에서 일해요. 여기서 인공 지능 관련 업무를 하다 보니 미래의 모습에 관심을 갖게 되었어요. 아마도 우리의 아이들이 사회에 나가 열심히 일하게 될, 30년 혹은 40년 후가 되겠지요.

사람이 하는 일의 많은 부분을 인공 지능이 대신하게 될 테니 앞으로는 사람만이 할 수 있는 일을 찾아야 한다고 하는데, 그것이 무엇인지 정확히 아는 사람은 별로 없을 거예요. 게다가 요즘엔 로봇이 단순 작업은 물론 예술 분야로까지 활동 영역을 넓혀 작곡도 하고 그림도 그리며 소설까지 창작한다고 하니, 우리 아이들이 설 자리를 찾기는 더욱 어려워지겠죠.

알고, 배우고, 공감하는 아이

우리 아이들이 앞으로 다가올 세상에서 잘 살아가기 위해서는 어떤 능력을 갖추어야 할까요? 제가 생각할 때 아이들이 장래를 위해 갖추어야 할 첫 번째 능력은 자기 자신을 파악하는 능력이에요. 남들과 자신을 비교하지 않고 자신만의 장점을 발견할 수 있는 힘이요. 이를 위해서는 자주 자신의 내면을 들여다보고 장점을 찾는 연습을 해야 해요.

다음은 자신에게 부족한 것을 찾아 습득하는 능력이에요. 앞으로 사회는 더 빨리 변화하고 기술은 더 다양해질 거예요. 단순한 작업들은 모두 로봇이나 인공 지능이 대신하여 처리하겠죠. 그만큼 사람의 능력이 필요한 영역은 줄어들게 될 거고요. 이러한 상황에서 세상의 변화를 읽고, 자신이 갖추어야 하는 부분을 파악하여 빠르게 익히고 발전하는 능력은 필수적이라 할 수 있죠.

마지막으로, 공감하는 능력이에요. 이 능력은 로봇에게는 없는 것이죠. 공감 능력은 어릴 때부터 부모 및 또래 친구들과 교감하면서 다양한 환경을 경험하고 새로운 일을 시도하며 문제를 해결해 나가는 과정에서 얻을 수 있어요.

놀이를 통해 배우는 아트, 왜 필요할까?

요즘은 학교에서도 수업 중에 다양한 놀이들을 시도하며 전인적인 발달을 추구하고 있지만, 정규 교과 과정만으로는 앞서 말씀드린 능력들을 얻기가 어려워요. 순수하게 '놀이'에만 집중할 수 없기 때문이죠.

'아트놀이'는 인간 본연의 능력을 끌어올리는 종합적인 활동이라고 할 수 있어요.

집 안 구석구석, 길 곳곳에서 찾아낸 다양한 소재를 어떻게 이용할까 궁리하고, 생각을 끄집어내어 여러 방식으로 표현해 보는 과정을 거치기 때문이죠.

정교하게 만들어 나오는 바람에 응용이 어려운 장난감, 화려한 기능으로 아이들의 시선을 잡아 둔 채 정해진 틀 속에서만 놀도록 유도하는 요즘의 놀잇감에서 벗어나, 아트놀이를 통해 나와 내 아이의 놀이 내공을 쌓아 보시기를 추천합니다.

아트놀이는 학습이 아니라 놀이입니다

간혹 아트놀이의 감성적인 부분만 보시고 아이의 발달이 '예술'적인 부분으로만 치우칠까 봐 염려하는 부모님들이 계십니다. 아트놀이만 하다 보면 이성적인 면이나 논리적인 면의 발달이 부족해질까 우려하시는 것이죠. 그러한 질문을 받고 다시 한번 놀이 과정을 살펴봤어요.

앞서 강조했듯이 아트놀이는 예술 활동이기 전에 '놀이'입니다. 특별한 목적을 설정하지 않고 즐거움을 위해 무언가를 열심히 하는 과정 그 자체가 중요한 활동이죠. 이런 활동의 곁가지에서 창의력, 공감 능력 등이 피어나는 거예요.

예를 들면 자신의 작품에 대해 부모와 친구에게 설명하는 과정은 논리적 사고력과 언어적 표현력을 발달시키고, 다양한 재료를 관찰하고 조합하는 과정은 인지적인 발달을 돕죠. 아트놀이는 작품을 만드는 과정뿐만 아니라 자신이 만든 작품을 가지고 노는 과정까지 포함하고 있기 때문에 아이의 발달이 어느 한쪽으로 편향되지 않아요.

제가 이 책에서 소개하는 놀이 중에는 과학적인, 혹은 수학적인 부분이 융합된 것도 여럿 있어요. 예를 들어 핀란드 전통 공예인 '힘멜리' 만들기는 삼각뿔이 두 개 붙어 있는 형태예요. 빨대를 실에 꿰는 단순한 작업을 통해 선을 이어 입체 도형을 만드는 과정을 체험하게 되는 것이죠. '레고 축구장에서 하는 수상 축구'는 물의 부력을 이용한 놀이고, '예술적인 운동화 리폼 놀이'는 알코올이 유기용제라는 특성을 이용한 것이에요. 수학적 지식이나 과학적 현상을 자연스럽게 익히게 되니 아이로서는 이보다 더 좋은 공부가 없죠. 거창한 교육적 의도를 가지고 만든 건 아니지만, 놀이를 통해 쌓은 경험의 힘은 결코 무시할 수 없다고 생각합니다.

고대부터 화가들은 물감에 이것저것 섞어 실험해 보기를 마다하지 않았어요. 달걀 노른자, 벌꿀, 무화과즙 등을 용매제로 사용한 템페라 물감만 봐도 짐작할 수 있죠. 마음 가는 대로 붓질한 것 같은 모네나 세잔의 작품도 사실은 빛의 반사에 대한 깊은 연구의 결과라고 해요. 천재라 불린 화가 레오나르도 다빈치도 그림을 그리는 데 그치지 않고 스케치 실력을 바탕으로 다양한 연구를 노트에 남겼죠. 위대한 화가들이 다방면으로 연구하면서 다른 학문을 그림에 적용하기도 했다는 사실이 놀랍지 않나요?

아트놀이라는 이름 앞에서 사실 이성과 감성의 경계는 무의미하다고 생각해요. 다들 아시겠지만, 무엇을 하든 재미있게 하는 게 가장 좋잖아요. 놀이를 시작으로 흥미를 느낀 지점을 찾고 스스로 탐구해 보는 자세를 가지는 것, 그것이 아트놀이를 통해 제가 궁극적으로 바라는 것이자 아이들이 얻을 수 있는 평생의 자산이죠!

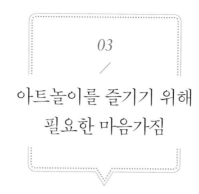

03
/
아트놀이를 즐기기 위해
필요한 마음가짐

아트놀이는 소소하게 시작해요

엄마는 늘 바쁘고 피곤해요. 빨리 육아 퇴근을 하고 온몸을 꿈쩍하지 않았으면 좋겠다 생각하죠. 하지만 함께 놀자는 밀키의 청을 하루 이틀 계속 거절하다가는, 며칠 후 스트레스가 잔뜩 쌓인 아이와 죄책감에 젖은 엄마가 마주하게 될 것을 잘 압니다.

아이와의 아트놀이는 '심호흡 한 번, 각오 한 번을 하고 바닥에 뭔가를 깐 다음 물감과 온갖 도구를 펼쳐 놓은 후 앞치마를 두르고 준비, 시작!' 하는 거대한 아트 프로젝트가 아닙니다, 절대 아니에요.

아이의 창의력을 돋우는 분위기가 가득한 집으로 만들고 싶다는 마음은 밀키를 낳은 이후로 변함이 없답니다. 그것을 이루는 방법이 맹목적인 학습이 아닌 놀이라면 더욱 좋을 테죠. 아주 잠깐의 노력으로 아이에게 놀이의 즐거움을 알려 주고, 엄마와의 시간도 충족되는 아트놀이라면 어떨까요? 하루에 15분의 노력은 들일 만하답니다. 빡빡한 하루의 스케줄 속에서 제가 아트놀이를 하는 방식은 이렇습니다.

평일	오전 7:00	아침 식사를 준비하며 아이에게 보여 줄 그림책을 식탁 주변에 무심하게 둡니다. 아이는 아침을 먹으면서, 저는 커피를 마시며 함께 그림책을 뒤적이죠.
	오전 9:00	등원을 하면서 아이가 좋아하는 음악을 듣고 오늘 스케줄에 대해 이야기합니다. 가끔 차로 등원할 때면 밀키는 그림을 그리기도 합니다.
	오후 5:30	퇴근을 하면서 인터넷 쇼핑으로 아이의 준비물을 삽니다. 가끔은 직접 문구점에 들르거나 서점에서 그림책을 골라 집으로 향합니다.
	오후 6:00	아이가 씻고 저녁을 먹을 동안 저는 아이의 책상 위에 몇 가지 물품을 둡니다. 스케치북과 물감, 반짝이 풀과 점토 등을 말이죠. 여기서 중요한 팁! 1) 일주일에 한두 번은 새로운 도구를 추가하고, 기존 재료와 섞어 놀기 2) 아이가 재미있어하는 활동은 다음 날 반복하기 3) 준비한 도구에 흥미를 보이지 않고 다른 놀이를 하고 싶어 한다면 쿨하게 보내 주기
주말		오전에는 야외에서 신나게 뛰어놀고, 아이가 낮잠을 자는 동안 준비해서, 에너지가 떨어지는 오후 시간에 함께 아트놀이를 합니다.

물론 저도 매일 이렇게 준비하지는 못해요. 하지만 '꾸준함'의 힘을 믿기 때문에 일주일에 몇 번이라도 거르지 않고 하려고 해요. 그저 곁에서 가만히 놀이를 바라봐 주고 적절히 반응을 보여 주는 것만으로도 아이는 정서적으로 충족감을 느껴요. 그리고 엄마와 충분한 시간을 보낸 아이는 다음 날 더 씩씩하게 놀 수 있죠.

아이의 놀이를 망치는 방법

　아이들이 그린 그림은 혼돈 그 자체지요. 고작 3-4년밖에 살지 않은 아이에게 정형화된 그림을 기대하는 것은 무리에요. 그런데 어른의 머릿속에 자리 잡은 미술에 대한 고정 관념은 아이의 그림을 망치기 충분할 만큼 뿌리 깊다는 사실을 종종 느껴요.

　아트클래스에서 부모님들이 "여긴 얼굴이니까 눈, 코, 입을 그려 봐.", "이건 사슴 모양이니까 갈색으로 칠해야지.", "여자애가 왜 자꾸 검은색으로 칠하니?"라고 말씀하시는 것을 들을 때가 있어요. 지금은 '그러면 안 되지.'라는 생각이 들어도, 막상 내 아이가 딸기 그림을 파란색으로 채우기 시작하면 '움찔' 하는 자신을 느낄지도 몰라요. '딸기는 파란색이 아닌데……'라는 생각이 나도 모르게 입 밖으로 나오기도 하죠. '보이는 그대로 똑같이 그려야 한다'는 고정 관념은 아이 안에서도 자라서, 내가 아는 그 과일이나 동물에 감히 다른 색을 칠하려는 '시도'를 하지 못하게 합니다.

　세상에는 해변에서 주운 쓰레기로 설치 작품을 만드는 사람, 재래시장에서 파는 소쿠리로 탑을 쌓아 전시하는 사람, 빨대나 핀, 휴지만을 사용해서 작품을 만드는 사람 등 다양한 예술가가 존재해요. 이 중에는 세계 무대에서 활동하는 작가들도 있고요. 이 작가들은 "이 재료로 이걸 만들면 어떨까?"라는 열린 사고에서 시작해서 무수한 실험의 과정을 거쳐 작품을 창작했을 테죠. 예술을 할 때만은 자유롭게 상상하고 표현해 볼 수 있으니까요.

'열린 사고'는 아직 많은 것을 배워야 할 아이에게 절대적으로 필요한 생존 기술입니다. 그리고 이를 자연스럽게 훈련하는 방법 중 하나가 아트놀이에요. 엉뚱한 생각조차도 자유롭게 받아들여질 수 있다는 점이 아트놀이의 가장 큰 장점이죠. 정형화된 미술 재료에 얽매이지 않고 다양한 장소에서 재료를 찾아본 후 직접 관찰하고 다뤄 보면서 경험을 늘려 가는 과정이 바로 아이들에게는 즐거움이자 배움이에요. 그러려면 아이가 내키는 대로 손을 움직이고 생각을 떠올릴 때 어른이 그것을 '틀렸다' 혹은 '실패했다'고 평가하는 것을 멈춰야 해요. 아이가 마음껏 실험해 볼 수 있도록 그 자체를 존중하는 분위기를 만들어 주세요. 그러면 아이는 기쁜 마음으로 자신의 세계를 짓기 시작할 거예요.

이건 꼬리가
4개인 토끼인데…….

4살이 표현할 수 있는
그대로, 놔둡니다.
엉뚱하고 재미있는
표현 그대로요.

04

내 아이의
놀이 적성 알기

놀이에도 적성이 있다

아트클래스에서 다양한 아이들과 만나다 보니 어느 순간부터 '놀이 적성'이라는 것이 보이더군요.

어린아이들은 기본적으로 에너지가 많아요. 대부분의 아이들이 뛰어다니면서 신체 놀이를 하는 것을 즐거워하는데, 또 이것이 발달상 필요한 활동이기도 하죠. 그런데 어떤 아이들은 어린 나이부터 책상 앞에 덤덤하게 앉아 뭔가를 한참 끄적거려요. 고작 네다섯 살 된 아이들이 엄청난 집중력을 발휘해서 그림을 그리는 모습은 신기하기까지 하죠. 인간에겐 타고난 기질이 분명 존재한다는 것을 느껴요. 이런 아이들은 대체로 집에서도 비슷한 생활 습관을 가지고 있더군요. 밀키 역시 이런 성향의 아이입니다. 밀키의 이런 성향은 놀이에서 독서로, 독서에서 공부로 자연스럽게 이어지는

데 큰 역할을 하고 있어요.

그러면 책상에 가만히 앉아 있는 것을 견디지 못하는 아이들은 어떻게 할까요? 종종 제 클래스에도 한자리에서 그림을 그리는 것보다 계속 움직이면서 교실 내 다른 것에 관심을 보이는 아이들이 있어요. 저 역시 이런 성향의 아이였습니다. 그래서 이러한 성향의 아이들은 정적인 활동을 억지로 시키기보다 동적인 아트놀이로 유도하는 게 훨씬 좋다는 것을 말하지 않아도 알죠. 몸을 쓰면서 큰 그림을 그리고, 다양한 도구를 탐색하거나, 재료를 자유롭게 뿌리고 던지며 놀면 정말 즐거워합니다. 그 시간만큼은 엄청 몰입하면서요.

기질은 변한다

저는 소위 '가만히 있지 못하는' 아이였어요. 학교에서도 책상 앞에 앉아 있기 힘들어했고 엄마와 민화 그리기, 한지 공예 수업에 다니면서 몸을 배배 꼬기 일쑤였죠. 한자리에서 사부작거리며 노는 것보다 술래잡기와 고무줄놀이같이 몸을 움직여야 하는 놀이를 하고, 남자아이들과 어울려 축구하는 걸 더 좋아했어요. 하지만 초등학교 고학년이 되면서 독서의 재미에 빠지기 시작했고, 그로 인해 성향이 조금씩 변했답니다. 그림책을 읽거나 그림을 그리는 시간에는 재미를 느끼기 시작했던 저는 중학교에 올라가면서 기질이 그렇게 굳어졌습니다. 아이를 키우는 지금은 조금 중립적인 성향이 되었지만요. 어른도 이럴진대 아이들은 어떻겠어요? 그래서 오히려 '이 아이는 이런 기질이다.'라고 정하는 것이 위험할 수 있다는 생각이 들어요. 변하는 아이의 기질을 잘 관찰하면서 다양한 것을 시도해 보고, 아이가 어떤 감정으로 놀이를 대하는지 이야기해 보는 것이 무엇보다 중요하다고 생각해요.

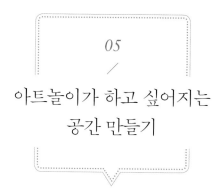

05

아트놀이가 하고 싶어지는
공간 만들기

아이의 아트놀이를 위해 따로 공간을 마련하는 것이 쉬운 일은 아닙니다. 하지만 작은 공간이라도 마련해 주면 아이는 자신의 생각을 마음껏 펼칠 수 있는 자신만의 '아지트'를 갖게 되지요. 이 아지트가 안전하고 정리 정돈 또한 쉽게 할 수 있도록 구성되어 있다면, 아이는 부모의 잔소리로부터도 자유로워질 수 있겠죠. 아트놀이가 하고 싶어지는 공간을 만드는 데 유용한 팁 몇 가지를 공유합니다.

● **책상과 의자 선택**

밀키는 놀이용 책상이 두 개 있어요. 하나는 그림을 그리거나 엄마와 공작을 하는 용도의 책상이고 다른 하나는 점토 놀이나 블록 놀이를 할 때 쓰는 놀이용 책상이에요. 밀키의 공작용 책상은 모서리가 없고 꽤 너른 책상으로 어른과 함께 뭔가를 만들 때 용이하죠. 놀이용은 아이가 원하는 곳으로 언제든 옮길 수 있는 가볍고 작은 책상으로, 닦기도 좋은 플라스틱 소재로 되어 있어요. 아이는 자라면서 집중하는 시간도 늘어나고, 그만큼 더 오래 앉아 있게 되죠. 그래서 의자는 작은 원목 의자에서 폭신한 미니 소파로 바꿔 주었고, 책상 또한 조금씩 넓은 것으로 바꿔 주고 있어요.

● 재료 정리

저는 아이와 색다른 재료들을 합쳐 노는 것을 즐겨요. 마시멜로와 빨대, 혹은 블록과 점토의 조합처럼요. 그런데 새로운 재료를 발견하고 자유롭게 섞어 보기 위해서는 먼저 재료들이 잘 정리되어 있어야 해요. 눈에서 멀어지면 마음에서도 멀어진다는 진리는 아이 장난감에도 딱 맞는 말이죠.

저는 워낙 문구류를 좋아하고 소도구도 많아서 일찍부터 분류함을 활용했어요. 아이 방에도 안에 뭐가 들어 있는지 쉽게 알 수 있는 큼지막한 분류함을 두었죠. 그리고 스스로 정리할 수 있도록 라벨을 붙여 주었더니 한글 공부도 되어서 일석이조랍니다.

● 작품 전시와 보관

　아이의 그림을 보관하는 작업도 만만치 않죠. 특히 밀키는 스케치북 한 권을 한 번에 소비할 때도 있을 만큼 다작의 왕이라 결과물을 전시하고 보관하는 방법을 궁리하게 되었어요. 많다고 해서 아이의 작품을 소홀히 대하는 것만큼 아이에게 상처가 되는 일도 없어요. 버릴 때도 꼭 아이의 허락을 받고 버리죠. 아이의 그림에 날짜와 짧은 설명을 적은 후, 마음에 드는 것은 일정 기간 벽에 전시를 해 놓고 대화의 소재로 삼아요. 아이도 자신의 그림에 대해 설명할 때면 싱글벙글한답니다.

　SNS에 소개한 후 큰 호응을 얻었던 작품 보관법 중 하나는 바로 주문서 꽂이에 그림을 꽂아 두는 것이에요. 아이가 직접 꽂기도 쉽고, 전시하기에도 좋아요. 안전에도 문제가 없고요. 그림이 쌓이면 조금씩 빼서 버릴 것은 버리고 나머지는 파일에 차곡차곡 정리해 둡니다. 큰 작품일 경우 화구 가방과 서류함에 정리하죠. 더 이상 둘 곳이 없다 싶을 땐 사진을 찍어 보관해 둬요.

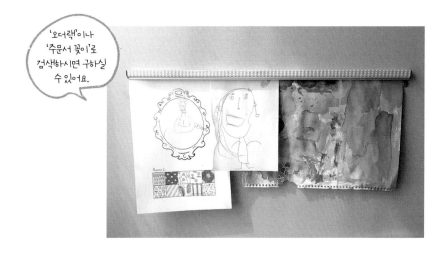

'오더랙'이나 '주문서 꽂이'로 검색하시면 구하실 수 있어요.

2

아트놀이 기본 편!

최대한 간단한 재료를 사용하되,
만드는 시간은 적게 들고 놀이 시간은 긴 것을 골라 놉니다.
그러면 엄마, 아빠와 아이의 놀이 만족도는
저절로 올라갈 수밖에 없죠.

01

곰손도 할 수 있는
초간단 아트놀이

또 하고 싶은 아트놀이를 위한 다섯 가지 포인트

"엄마, 나랑 놀자!"

지친 제 어깨에 한껏 기대서 밀키가 속삭일 때마다 저는 인터넷으로 열심히 찾았어요. '아이 혼자 노는 법', '아이가 혼자 노는 때는 언제인가?' 등을 말이죠. 그리고 그런 것은 없다는 것을 깨달았죠. 밀키는 아직 엄마, 아빠와 같이 놀고 싶은 마음이 가득한 나이라는 것을 잊고 있었던 거예요. 모든 일에는 정해진 때가 있듯, 자연스럽게 또래 친구들과 스스로 놀이를 찾아 노는 날이 오겠죠.

초보 엄마였던 저는 너무 성급했다는 생각이 들었어요. 같이 놀기를 다짐하고 나서는 이왕 놀 거 제대로 놀아 주자고 생각했죠. 그러면서 엄마, 아빠와 아이 모두 즐거운 놀이 시간을 위해, 제 나름의 다섯 가지 규칙을 만들었어요.

🧑 간편하고 쉽게!

워킹 맘이다 보니 손이 너무 많이 가는 놀이 방식은 피하게 됩니다. 아이가 좋아할지 확신할 수 없는 상황인데, 거기에 시간과 재료까지 많이 들여야 한다면 시작도 하기 전에 엄마, 아빠는 지치고 말거든요. 특히 결과물은 참 예쁜데 손이 많이 가는 놀이는 처음엔 하지 않았어요. 육아를 하면서 어디 시간이 있나요? 그래서 저는 최대한 간단한 재료를 사용하되, 만드는 시간은 적게 들고 놀이 시간은 긴 것을 골라 놉니다. 그러면 엄마, 아빠와 아이의 놀이 만족도는 저절로 올라갈 수밖에 없죠.

🧑 한 가지 재료로 여러 놀이를!

제 놀이 재료들은 온라인 몰에서 쉽게 구할 수 있는 것들이에요. 하지만 한 번 쓰고 놔두게 되는 재료들이 아깝더군요. 그래서 한 가지 재료로 여러 가지 놀이를 할 수 있는 다양한 방법들을 생각해 봤어요. 예를 들면 티슈페이퍼 한 세트를 사서 캔버스에 붙이는 놀이를 했다면, 다른 날은 남은 티슈페이퍼로 장식을 만드는 식으로요. 엄마 입장에서는 재료를 알뜰하게 쓸 수 있어서 좋고 아이 입장에서는 한 가지 재료로 다양하게 노는 방법을 익힐 수 있어서 좋죠.

🧑 정리까지 쉽도록!

놀이의 결과물이 단순한 장식품으로 끝나는 것은 지양하는 편이에요. 저는 아트놀이를 할 때 아이와 만든 결과물이 또 다른 놀이로 이어질 수 있는지의 여부를 중요하게 생각하거든요. 그리고 아이의 작품이 집 안 가득 쌓일 때의 부담감을 잘 알기 때문이죠. 아이가 꼼지락거리며 무언가를 만들었다는 것이 대견하기는 하지만 그렇다고 해서 모두 장식해 둘 수는 없는 노릇이니까요. 그래서 아이의 작품을 잘 전시하는 법, 아이가 사용한 도구나 미술 재료를 잘 정리하는 법 등도 늘 함께 고민하죠.

🧑‍🦰 지금, 이 순간을 신나게!

육아를 하다 보면 일 년이 언제 지났는지 모르게 훌쩍 지나가 버립니다. 저는 어느 순간부터 그게 참 아쉽고 서글프더라고요. 수십 년 동안 그냥 흘려보낸 계절들인데, 아이와의 두 번째 여름, 세 번째 겨울은 참 특별하더라고요. 아마 이 책을 읽으시는 독자분들도 그러시리라 생각해요. 그래서 아이와 봄, 여름, 가을, 겨울을 온전히 느끼고 즐길 수 있는 놀이들을 하려고 노력했어요. 제가 만든 놀이에 계절과 관련된 것들이 많은 이유죠.

🧑‍🦰 우리 문화에 자부심을 느끼도록!

여러 나라를 여행하다 보니 나라마다 자국의 문화를 놀이로 변형해 놓은 경우가 참 많더라고요. 놀이를 통해 그 나라의 문화에 대해 자연스럽게 배울 수 있다는 점이 참 뜻깊었어요. 그래서 저도 우리의 문화가 녹아든 아트놀이를 해 보려고 늘 고민하고 있어요. 어릴 때부터 우리 문화와 관련된 놀이를 하다 보면 자연스럽게 문화를 이해하게 되고 자부심도 느끼게 되겠죠.

맛있는 트리 만들기

크리스마스트리를 몇 번 사서 꾸며 보았는데 크리스마스가 지나면 늘 처치 곤란한 물건이 되더군요. 그래서 저는 먹을 수 있는 트리를 만듭니다. 아이와 쉽게 만들고, 또 간식으로 먹을 수 있는 트리의 종류는 생각보다 많아요. 마시멜로 트리, 생크림 트리 등을 만들 수도 있답니다. 그중에서 저는 팝콘 트리 만들기를 가장 좋아합니다. 달콤한 캐러멜 냄새에 밀키는 시작부터 웃음이 멈추질 않는답니다.

손을 데일 수 있으니 캐러멜을 녹이는 작업은 엄마나 아빠가 도와주시고, 팝콘을 아이스크림콘에 붙이는 놀이는 아이가 해 볼 수 있도록 풀어 주세요. 크리스마스 시즌이라면 캐럴을, 다른 계절이라면 좋아하는 동요를 들으며 붙여 보세요. 간단한 동작을 반복하기만 한다면 어느새 달콤한 트리를 완성하실 수 있을 거예요.

211쪽에 '잘라서 쓰는 놀이 카드'가 있습니다.

38

캐러멜, 팝콘, 아이스크림콘

_1_ 캐러멜을 전자레인지에 15초 정도 녹여 주세요.(중간에 굳으면 다시 5-10초 정도 녹여 주시면 됩니다.)

_2_ 콘을 엎어 놓고 팝콘을 캐러멜에 찍어서 붙여 주세요. 이때 콘의 하단부터 붙여야 해요.

    스프링클이나 슈거 파우더가 있으면 뿌려서 장식해도 좋아요. 저는 꼭대기에 마시멜로를 꽂아 주었어요.

_3_ 접시에 옮긴 후 냉장고에서 조금 굳혀 주세요.

    그럼, 이제는 맛있게 냠냠.

얼음과 레고가 만나면

아스팔트에 아지랑이가 아른아른 올라오는 한여름 오후에는 얼음 놀이가 최고입니다. 아이들에게 얼음은 신기한 물질이죠. 무더운 여름날 얼음을 가지고 아이와 신나게 놀 수 있는 간단한 방법을 소개할게요. 미리 해 둘 준비라면, 아이가 좋아하는 레고 인형, 피규어, 혹은 미니어처를 얼음 틀에 넣고 물을 부어 얼리는 게 전부입니다.

얼음을 만드는 과정도 놀이로 체험해 보세요. 아이가 어리다면 얼음 틀에 조그마한 장난감을 넣었다 뺐다 하며 손가락 운동을 하고 놀아 보세요. 소꿉놀이를 할 줄 안다면 물을 붓는 것도 아이에게 맡겨 보세요. 얼음 틀의 칸칸마다 여러 색의 물감을 풀고 장난감을 담그면 더욱 신기해한답니다.

이제 빙하 속에 갇힌 레고 인형을 구출해 볼까요?

 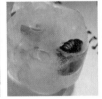 

내가 구해 줄게!

얼음 틀, 레고 인형 등 작은 장난감, 대야

1 얼음 틀에 있는 칸마다 작은 장난감을 넣어 주세요.

2 장난감이 잠길 정도로 얼음 틀에 물을 붓고, 냉동실에서 얼려 주세요.

3 얼음이 얼면 완성입니다.

4 대야에 따뜻한 물을 붓고, 미리 얼려 놓은 얼음을 동동 띄워 줍니다.

5 구조 놀이를 시작합니다. 놀이에 몰입한 밀키가 "내가 구해 줄게!" 하고 소리를 지릅니다. 곁에서 실감 나게
   추임새만 넣어 주세요.

'뽀그르르' 얼음이 녹는 소리도 들어 보고 아이와 함께 얼음도 관찰해 보세요. 얼음의 속성, 이를
테면 따뜻한 물에서 잘 녹고, 투명한 부분도 있고, 너무 차가우면 얼음에 닿은 살갗이 아플 수도 있
다는 걸 놀이를 통해 자연스럽게 익히게 될 거예요.

무한 반복! 끼우기 놀이

　폭신폭신한 것이면 뭐든 좋아요. 저는 잘 쓰지 않는 헤어 롤러와 실로 짠 공을 달걀판에 끼워 넣고 벽에 붙여 줬어요. 어떻게 노는지 지켜보니 아이는 정신없이 다 끄집어냈다가, 다시 넣었다가를 반복하면서 재미있어해요.

　저는 밀키가 엉거주춤 일어설 수 있을 때부터 이 놀이를 했는데, 부산스럽게 움직이면서 잘도 왔다 갔다 하더군요. 물건이 귀여울수록 효과는 배가 돼요. 저는 딸기 헤어 롤러를 이용해 봤어요.

　놀이를 하며 운동도 하고, 손 근육도 움직이고, 다양한 촉감을 느껴 볼 수도 있으니 아이에게는 일석사조! 이 놀이는 만들기도 간단하고 아이들에게 큰 재미를 안겨 주어, 제 블로그에 소개하자마자 정말 큰 반응을 얻었어요. 아직 모르시는 분이 계시다면 한번 해 보세요!

와아!

◆ 준비물 ◆ 달걀판, 헤어 롤러(또는 실로 짠 공, 스펀지 공 등), 양면테이프

1 달걀판 밑면에 양면테이프를 두 줄 붙여 주세요.

2 폭신한 헤어 롤러를 달걀판에 끼워 주세요.

3 아이 손이 닿는 높이의 벽면에 달걀판을 붙여 주세요.

4 끼우기 놀이 시작!

　아직 3-4세일 때는 단순한 동작을 반복하는 놀이를 하다가 5-6살쯤 되자 밀키는 딸기 농장에서 딸기를 따 와서, 부엌에서 딸기로 요리를 하는 놀이를 해요. 역할 놀이나 스토리텔링을 하며 스스로 상황을 만들고 응용하며 놀기도 하고요. 소꿉놀이에 활용하기에도 정말 좋겠죠?

치카치카 양치놀이

먼저 다 쓴 로션 통을 물색합니다. 이제 찾은 로션 통을 깨끗이 닦기만 하면 돼요. 뚜껑이 잘 열리는 것이면 무엇이든 좋아요. 그대로 치약이라 우겨도 괜찮지만 그래도 사실감이 있으면 더 좋겠죠? 저는 치약 느낌을 살리기 위해 양치하는 그림이 그려진 스티커를 붙여 보았습니다.

처음에는 아이의 다 쓴 칫솔을 소독해서 가지고 놀았는데 실종되어 이참에 새로 하나 만들어 주기로 했습니다. 아이가 진짜 칫솔과 헷갈려 입에 넣을 수도 있으니, 장난감용으로 새로 만들어 주는 것을 추천해요.

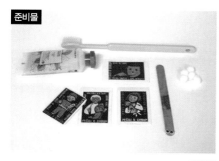

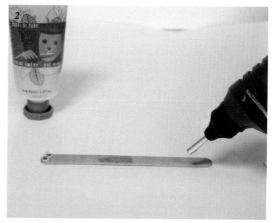

◇ ·준비물· ◇ 다 쓴 로션 통, 스티커, 아이스크림 스틱, 폼폼, 글루 건

1 먼저 치약을 만들어 볼까요? 다 쓴 로션 통에 아이가 좋아하는 스티커를 하나 붙여서 예쁘게 변신시켜 주세요. 저는 오래 가지고 놀 수 있도록 스티커 위에 시트지를 붙여 주었습니다.

2 이제 칫솔을 만들어 볼게요. 아이스크림 스틱에 폼폼을 글루 건으로 붙입니다. 폼폼으로 만들어 주면 거품이 나는 듯하여 실감도 나고, 폭신해서 아이가 다칠 염려도 없어요.

3 치약과 칫솔이 완성되었다면 이제 치카치카를 해 볼까요?

　가끔 양치하기 싫어할 때 이 양치 도구를 동원하여 "밀키야, 인형이 먼저 닦는다! 너는 어떻게 할래?" 하면 득달같이 달려와 닦더라고요.

허브로 약국놀이

반려 식물이라는 말이 있어요. 저는 그간 식물을 참 많이도 말려 죽였습니다만, 신기하게도 엄마가 된 다음부터는 식물을 잘 키우게 됐어요. 식물을 키우는 것에 대해 조금 더 관심 있게 알아보고 정성을 쏟으니 식물도 잘 자라더라고요. 식물을 키우는 것도 육아와 비슷한 것 같아요.

요즘은 밀키와 몇 가지 씨앗을 사 와 싹을 틔워 보기도 합니다. 물도 주고 거름도 주며 아이는 식물을 아끼는 방법을 자연스럽게 배워 가죠. 잎이 무성해지고 열매라도 달릴 때면 밀키와 저는 떨듯이 기뻐하곤 해요.

미세 먼지가 유난히 심한 봄날에는 밀키와 함께 기른 화초를 이용해 집에서 재미나게 놉니다. 식물로 대체 무엇을 할 수 있냐고요? 지금부터 소개해 드릴게요. 먼저 집에 화초가 있는지 살펴보세요. 베란다, 거실 어디쯤 잊고 있던 화초가 있을 거예요. 혹은 죽어 가는 화초라도 좋습니다.

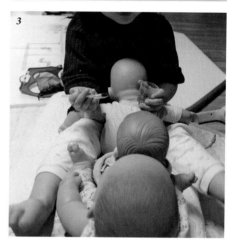

◇ 준비물 ◇ 화초, 미니 절구, 인형들

1 미니 절구에 여러 가지 향기 나는 풀과 꽃을 조금씩 뜯어 넣고 찧습니다.

   (저는 식용 식물인 로즈메리와 파슬리를 주로 이용합니다.)

2 이제 찧은 화초를 그럴듯한 용기에 넣고 숟가락으로 떠서 인형에게 먹여 주면 됩니다.

3 살짝 약 냄새가 나서 실감 나게 놀이할 수 있어요. 꼬마 약사가 되어 약국을 개업해 볼까요?

유리창에
그림 그려도 돼요? 돼!

밀키가 유리창에 그림을 그려도 되냐고 물었을 때 처음엔 그냥 "종이에 그리자."라고 했습니다. 그런데 대답을 하면서 '왜 유리창에 그림을 그리면 안 되지?'라는 의문이 생기더군요. 유리창에 그림을 그리면 다음과 같은 이점이 있는데도 말이죠.

하나. 그림을 지우면서 창문을 닦게 되니 자동으로 창문 청소가 된다.

둘. 따로 셀로판지를 사지 않아도 빛의 투과와 색에 대해 자연스럽게 탐색할 수 있다.

셋. 바깥 풍경을 감상하며 넓은 면적에 그림을 그리니 재밌다.

그래서 유리창 전용 크레용을 샀습니다. 제가 스코틀랜드의 국립 미술관에서 봤던, 유리창 가득한 아이들의 그림들을 밀키와 구현해 보기로 했죠.

스코틀랜드 국립 미술관 유리창에 그려진 아이들 작품이에요!

준비물

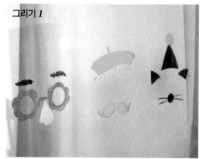
그리기 1

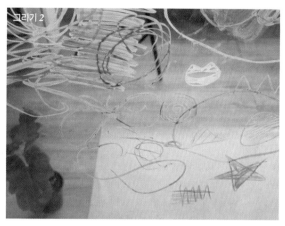
그리기 2

• 준비물 • 윈도우 크레용, 한지, 나뭇잎, 분무기, 물수건

• 그리기 놀이

1 가면을 그려 보세요. 따로 탈을 만들어 줄 필요가 없습니다. 얼굴을 대 보면서 놀아요.

2 외곽선을 그려 주면 색칠 놀이를 할 수 있습니다. 잘 칠하지 못해도 괜찮다고 말해 주세요.
   빛이 투과하는 이점을 활용해 모자이크 그림도 시도해 보세요.

3 시작할 때에는 어른들과 함께 그렸다면 이제는 아이 혼자 자유롭게 그릴 수 있도록 권해 보세요. 아이가 다
   양한 그림을 그리면 옆에서 우아, 멋진데? 하며 지켜봐 주세요. 엄마는 편하고 아이는 즐거운 놀이 시간이
   됩니다.

• 붙이기 놀이

<u>1</u> 유리창에 물을 뿌리고, 얇은 한지를 붙여 보세요. 종이의 질감을 느끼며 예쁘게 창문을 꾸밀 수도 있고, 창
문에 찰싹 달라붙지 않아 떼기도 쉬워요.

<u>2</u> 나무를 하나 그려 주고 나뭇잎을 붙이게 하는 놀이도 할 수 있어요.

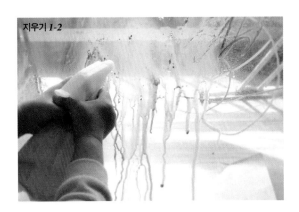

• 지우기 놀이

<u>1</u> 그림을 물수건으로 쓱쓱 닦는 것도 괜찮지만 이왕이면 지우는 것도 놀이로 삼아 보세요. 창틀과 바닥에 수
건을 깐 후, 분무기로 신나게 물을 뿌려 봅니다.

<u>2</u> 아이들에게 어떤 생각이 드는지 물어보세요. 밀키는 분홍색 비가 내린다며 즐거워합니다.

아이를 키우다 보면 의도하지 않더라도 다양한 상황에서 아이의 행동을 제지하게 됩니다. "흘리지 마라.", "어지르지 마라.", "뛰어다니지 마라." 등등. 근데 다시 생각해 보면 꼭 필요한 경우가 아닐 때도 왕왕 있더라고요.

놀이를 할 때만큼은 아이를 평소보다 더 풀어 줄 필요가 있다고 생각해요. 그간 금지했던 유리창 낙서를 허락하고 놀이의 장을 마련해 주는 게 그리 어려운 일은 아니었습니다. 삭막한 건물만 가득한 풍경 속에 어린아이의 그림이 더해지니, 전보다 사고에 여유가 생기는 것 같은 느낌이 드는 건 저뿐만이 아니겠죠?

떡살 점토 놀이

　우리나라의 절과 궁은 참 아름다워요. 문의 패턴, 기둥의 색감, 처마의 곡선, 기와의 무늬 등을 보면 감탄사가 절로 나오죠. 그런데 단순한 문양인 듯싶어 제 작품에 옮겨 보려고 하면 굉장히 어렵더라고요. 익숙하지 않기 때문에 더 그런 것이 아닐까 싶어요. 그렇다면 우리 아이들은 어떨까요? 우리 아이들은 이미 우리 전통문화의 아름다움을 즐길 준비가 되어 있는데 어른들이 익숙하지 않다 하여 친숙해질 기회조차 막고 있는 것은 아닐까요?

　점토 놀이를 좋아하는 아이라면 전통 문양이 새겨진 떡살도 살포시 권해 주세요. 저는 다식을 만드는 떡살을 마련해 줬어요. 아이가 놀이를 하며 우리나라 전통 문양에 익숙해지길 바랐거든요. 다양한 문양을 담은 떡살들이 있으니 이번 기회에 한번 찾아보세요.

준비물

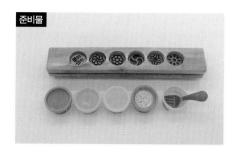

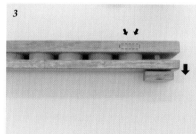

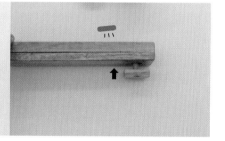

◆ 준비물 ◆   떡살, 점토, 장난감 요리 도구

1 떡살은, 막연하게 위에서 누르는 방법으로 많이들 생각하시는데, 그 반대의 구조로 되어 있어요. 빈 떡살 구멍에 손으로 점토를 눌러 채우면 점토의 밑바닥에 패턴이 찍히게 됩니다.

2 그다음 떡살의 밑판을 밀어 올려야 틀이 잡힌 점토가 나온답니다.

3 그림을 보시고 밑판을 밀어 올려 주세요.(가지고 계신 떡살에 따라 사용법이 조금씩 다를 수 있으니 주의하세요.)

　다식틀뿐만 아니라 떡 도장, 약과 틀 등도 있으니 하나쯤 집에 두고 아이와 디저트 가게 놀이를 할 때 활용해 보세요.

나무젓가락으로 만드는 세상

나무젓가락이 하나둘 모이다 보니 처치하기 곤란할 정도로 많아졌어요. 그래서 놀이에 활용해 보기로 했죠.

나무젓가락으로 할 수 있는 놀이는 생각보다 많아요. 젓가락으로 펠트 공을 집어넣는 게임부터 간단한 구조물을 만드는 것까지요. 그중에서 밀키가 가장 좋아하는 놀이는 바로 집짓기입니다. 단순히 반복하여 쌓는 것이 아니라 나무젓가락으로 구조물을 세우기 위해 계속해서 머리를 써야 하는 방식으로 이루어지기 때문에 아이들의 도전 정신을 자극하죠.

밀키는 처음부터 집을 지으려고 한 것은 아니었어요. 이것저것 조물조물 만들어 보더니 처음엔 괴물이 되었다가, 사다리가 되었다가, 토끼로 변했다가 결국 집이 되었습니다. 실컷 집을 짓고 놀던 밀키는 유리병에 파스타를 집어넣고 낚시를 하며 놀기도 합니다. 나무젓가락 끝에 찐득해진 마시멜로를 묻혀 파스타를 낚는 놀이를 발명해 내었어요.

어린아이도 재미있게 할 수 있는 이 놀이는 사실 찬장에 방치되어 있던 유통 기한 지난 꼬불꼬불 파스타를 찾아내면서 시작되었습니다. 버릴까 말까 하다 나무젓가락과 합해 놀기로 했죠. 아주 흔한 재료들을 이용하면서 공감각적 능력을 기를 수 있는 흥미로운 놀이가 또 하나 생긴 거예요.

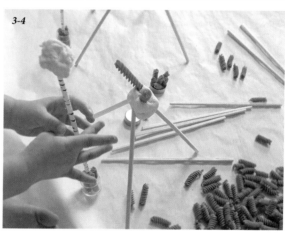

◆준비물◆ 나무젓가락 많이, 마시멜로, 유통 기한 지난 파스타, 바닥에 깔 종이

1 바닥에 종이를 깔아 주세요. 나무젓가락을 쏟을 거거든요.

2 마시멜로를 조금씩 뜯어 풀처럼 쓸 거예요. 이걸로 나무젓가락을 연결해 세울 수 있다는 것을 보여 주세요.
   금방 따라 할 거예요.

3 밀키와 저는 텐트를 만들고 집과 집을 잇는 다리를 만들면서 계속 이야기를 만들어 나갔어요.

4 다양한 다른 모양의 파스타가 있다면 이야기는 더 풍성해집니다. 저는 주황색 푸실리가 있어서 토끼 같은
   동물도 만들어 보았어요.

55

티슈페이퍼로 놀자

제 작업실에 마음대로 들락거리는 밀키는 종종 자기도 캔버스에 그림을 그리고 싶다고 해요. 그래서 저는 아이에게 저렴한 연습용 캔버스를 하나 마련해 줬어요. 어릴 때부터 캔버스와 친숙하게 지내며 미술의 즐거움을 느낄 수 있으면 좋겠다는 생각이 들었죠.

캔버스는 밑칠을 한 후 물감을 칠하고 마무리 코팅까지 해야 해요. 아이가 사용하기 벅찹니다. 그래서 물감을 칠하는 게 아니라 종이를 찢어 붙이고 색을 내는 방식으로 아이와 즐겁게 캔버스를 탐색해 보기로 했습니다. 캔버스는 크기별로 다양한 사이즈를 구할 수 있으니 처음에는 좀 작은 것부터 시작해 보세요. 가위가 익숙한 나이가 아니라면 아이가 좋아하는 색깔의 티슈페이퍼를 뜯어 캔버스 위에 가만히 올려놓을 수 있도록 도와주세요. 밀키는 티슈페이퍼 조각을 배열해 보며 무지개를 만들어 보기도 한답니다. 아이가 다양한 색을 떠올리며 놀 수 있도록 옆에서 두런두런 질문 거리를 던져 주시면 좋겠지요?

'마음대로 해도' 집 안 인테리어에 활용할 수 있는 그럴듯한 작품이 나오는 방법, 지금부터 소개할게요.

◇ **준비물** ◇ 티슈페이퍼, 캔버스나 종이, 가위, 분무기, 신문지, 장갑

_1_ 바닥에 종이를 깔아 줍니다. 분무기를 사용할 거라서요.

_2_ 원하는 모양으로 색색의 티슈페이퍼를 잘라요. 처음 하는 거라면 비슷한 모양으로 자르는 게 좋아요.

_3_ 이제 아이가 잘라 놓은 티슈페이퍼를 캔버스에 겹치듯 올립니다.

4 분무기로 물을 사정없이 뿌려 주세요! 티슈페이퍼의 컬러가 번지면서 예쁜 수채화 효과가 나타납니다.

5 장갑을 끼고 티슈페이퍼를 캔버스에서 떼어 내 주세요.

6 말리면 완성!

몰라야 더 재미있는
한글 놀이

　다들 영어 공부에 열을 올리는 시대지만, 저는 우리 아이들이 한글을 쓰는 나라에서 자란다는 것이 마냥 기쁩니다. 한글은 알면 알수록 매력적이고 과학적인 문자거든요. 저는 앱 디자이너 경력을 살려 한글을 배울 수 있는 앱을 디자인했어요. 논문까지 뒤적이며 시제품을 만들었는데, 한글 창의 아이디어 공모전에서 상을 받아서 더욱 한글에 애정을 갖게 되었죠. 그 뒤로 밀키베이비 한글 포스터를 제작하기도 했답니다.

　그래서 그런지 몰라도, 밀키는 또래 아이들보다 일찍 한글을 알게 되었습니다. 저는 뿌듯하기보다 걱정스러웠어요. 한번 한글이 문자로 인식되면 그 틀을 깨는 것이 어려울 것 같았죠. 아이가 이 창의적인 도형들과 좀 더 오래 놀기를 바라는 마음으로 공부를 따로 시키지 않았어요. 단지 한글 자석 퍼즐을 하나 사 두고 이리저리 놀다 보니 자음과 모음이 눈에 익고, 그 기억에 의지해 아이는 스스로 한글을 깨우치기 시작했어요. 그 과정이 너무 신기해서 제가 밀키와 하던 놀이를 하나 소개하려고 해요.

　밀키는 한글을 익힐 무렵 자음과 모음을 조합해 보며 이건 왜 없어?, 이렇게 하면 무슨 글자야? 하고 물어봤어요. 그런 글자는 없었지만 글자에서 떠오르는 그림을 그리기도 했고요. 여러분도 아이와 세계 어디에도 없는 독특한 한글을 가지고 색다른 구성을 해 보세요!

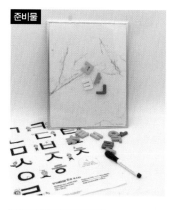

• 준비물 • 한글 자석 퍼즐, 자석 칠판, 마커, 물수건

놀이 방법 1 얼굴 만들기

1 동그라미 두 개를 그려 줍니다.

2 한글 자석 퍼즐을 골라 눈, 코, 입을 만들어 봅니다.

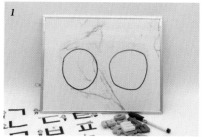
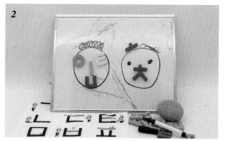

놀이 방법 2 이어지는 그림 그리기

1 한글 자석 퍼즐 중에 마음에 드는 것을 골라 붙여요.

2 마커로 연상되는 사람이나 동식물, 혹은 제 3의 무언가를 그리고 이야기를 만들어 봅니다. 저는 사람의 다리를 'ㅌ'으로 붙였더니 밀키가 'ㄷ'이 더 어울린다며 바꿔 붙이고, 'ㄹ'에서 떠오르는 것이 서로 다름을 확인하기도 했어요.

놀이 방법 3 한글 잇기

한글은 획으로 되어 있어 잇기 놀이를 하기 좋아요. 아이와 함께 누가 누가 더 길게 잇나 놀이를 해 봅니다.

엄마 화장 도구로
함께 놀아요

아주 어렸을 적 기억이 드문드문 납니다. 엄마의 립스틱을 한입 물었는데 생각보다 고약한 맛과 향에 인상을 찌푸렸던 기억. 그 기억 덕분에 시도 때도 없이 엄마의 화장대를 뒤적거리는 어린 제 딸을 이해할 수 있습니다. 아마 아이에겐 반짝거리는 화장품이 보물같이 보일 테죠.

하지만 매번 화장대 앞에서 아이와 실랑이를 벌이는 건 제 정신 건강에도 좋지 않더군요. 아이에게 위험한 것도 많고요. 하지만 화장품에 대한 관심을 억지로 누르기보다 함께 가지고 놀 만한 것을 만들어 주는 것이 더 좋다고 생각했습니다.

엄마를 보고 화장하는 모습을 따라 하고 싶어 하는 아이를 위해 분첩을 만들어 보았습니다. 따로 화장 놀이 세트를 사 주지 않아도 되더라고요. 딸을 둔 엄마, 아빠라면 도전해 보세요. 얇고 길게 놀 수 있는 제 비법을 살짝 소개합니다.

◇ **준비물** ◇ 분첩 용기, 아이용 선크림이나 로션, 아로마 오일

1 내용물이 없는 분첩 용기를 마련해 주세요.

2 분첩 속 화장품이 들어가는 곳에 로션과 선크림, 아로마 오일을 조금씩 짜 넣어 주세요.

3 적당히 섞어 손등에 발라 가며 농도를 조절해 주세요.

4 밋밋한 케이스를 스티커나 마스킹 테이프로 꾸며 주세요.

　따로 밀키를 위한 분첩을 마련해 준 이후로, 밀키는 화장하는 엄마를 따라 패드를 톡톡거리며 등원을 준비합니다. 자기가 정말 화장하는 줄 알아요. 작은 신사, 숙녀를 위한 아이디어는 주변에 숨어 있답니다. 작은 공병, 퍼프, 화장용 붓 등으로 아이들은 어른이 된 기분을 느낄 수 있겠지요. 엄마의 소중한 화장품을 지키고 아이에겐 기쁨을 주는 메이크업놀이를 해 보세요.

뭐 하고 놀지? 고민될 때, 냉장고를 열자

한창 잘 먹어도 모자랄 아이들이지만, 식욕이 눈에 띄게 줄어드는 때가 있지요. 그리고 시작되는 편식. 아무리 엄마, 아빠가 바쁘다지만 아이의 식습관이 잘못 잡힐까 싶어 조금의 노력을 더 기울여 보기로 했습니다. 게다가 아이와 먹으면서 놀 수 있다는 자체가 좋았고요.

놀이 방법 1 펀치 만들기

펀치는 달달한 음료수입니다. 보통은 사이다를 이용하지만, 아이의 펀치에는 탄산수에 메이플 시럽을 부어 주었어요. 곰 젤리를 풍덩풍덩 빠뜨려서 먹으면 더 흥미진진해요. 엄마가 만들어 준 음료에 곰 젤리만 투척한 밀키는 자기가 만든 것처럼 무척 뿌듯해합니다. 집에서 키우는 허브를 뜯어 장식도 해 주었답니다.

놀이 방법 2 접시 꾸미기

아이가 도구를 다룰 수 있다면 아이 주도하에 여러 가지를 해 볼 수 있습니다. 스스로 자르고, 꾸며 보고, 발라 보는 것이 가능하거든요. 쿠킹 클래스가 아직 무리라면, 집에서 조금씩 엄마와 놀이로 시작해 보세요.

밀키는 칼을 갖게 되자 매우 좋아했습니다. 칼이라고 부르며 주었지만 사실은 버터나이프였답니다. 바나나와 치즈 같은 것을 잘라 아침 식사를 준비하거나, 빵에 잼을 바르는 등 함께 간단한 끼니를 준비하곤 하죠. 저는 간단한 모양으로 시작해서 나중에는 애벌레 모양으로 꾸미며 놀았습니다.

놀이 방법 3 곰 젤리 숫자 놀이

가끔은 제 욕심을 반영해 숫자 놀이도 합니다. 스케치북 위에 숫자를 써 놓고 아이에게 숫자에 맞게 젤리를 놓으라고 시키는 거예요. 숫자와 젤리 개수가 맞아야 먹을 수 있다는 규칙도 알려 줍니다. 좋아하는 간식을 먹고 싶은 욕망에 밀키는 눈을 부릅뜨고 합니다. 단순한 녀석이지요.

양말 가렌드 만들기

하루가 다르게 쑥쑥 자라는 아이들을 보면, 시간이 가는 게 아쉽기만 합니다. 계절이 바뀌면서 작아진 옷을 정리할 때, 저는 유독 그런 생각이 많이 들어요. 밀키가 신생아 때, 너무 작고 앙증맞은 것이 귀여워 욕심껏 사두었던 양말을 정리하다가 버리는 게 너무 아깝단 생각이 들었습니다. 누굴 주기엔 소소하고, 버리자니 바닥에 닿지도 않았던 양말이 아까웠고요.

무엇보다 내 아이와의 첫 만남을 떠올리게 하는 물건이 주는 특별함마저 사라지게 되는 것 같아 쉽게 버리지 못하겠더라고요. 초보 엄마였던 저와 너무 작아 쉽게 만질 수도 없던 아이의 모습, 가족이 느꼈던 설렘을 담아 장식물을 만들어 보기로 했습니다. 미국에서는 크리스마스 시즌에 벽난로에 커다란 양말을 걸어 두기도 하잖아요. 그런 장면을 떠올려 보시고 화려하진 않지만, 가족의 추억이 담긴 양말 가렌드를 만드는 데 참고해 보세요.

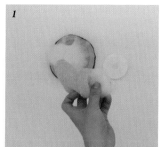

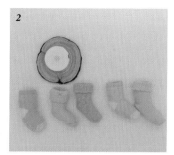

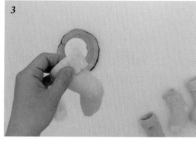

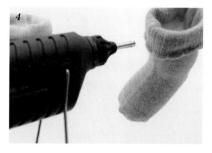

◆ 준비물 ◆ 아이의 양말 2-3켤레, 솜, 피아노 줄, 바늘, 글루
건, 집게

_1_ 아기 양말에 솜을 넣어 줍니다.

_2_ 저는 5짝을 준비했어요.

_3_ 피아노 줄을 양말에 꿰어 통과하게 합니다.

_4_ 통과한 줄과 양말이 맞닿은 부분에는 글루 건으로 고정시
켜 줍니다. 이 부분을 고정하지 않으면 줄을 타고 양말이
줄줄 내려가요.

_5_ 양쪽 줄을 집게로 고정시켜 아이 방을 장식해 보세요!

솜 대신 스티로폼 공을 넣어도 되고, 다른 천을 넣어도 좋아요. 저는 폭신한 느낌을 주기 위해 솜
으로 속을 채워 넣었어요. 바느질을 잘하신다면 색실로 피아노 줄을 대체해도 예뻐요. 솜을 넣는
것은 쉬우니 아이와 함께 해 보세요.

67

아이의 성향을 무시하지 않으면서
다양한 재료를 탐색할 수 있도록 환경을 만들어 주는 게
바로 우리 부모의 역할이 아닌가 싶습니다.

색다른 재료에
도전해 보세요

내 아이가 쓸 미술 재료 준비하기

저는 결혼 전부터 여행을 가면 그 나라의 독특한 문구나 미술 용품을 잔뜩 사 오곤 했어요. 그땐 그 물건들이 아이의 놀이에 쓰일 줄 전혀 몰랐죠. 결과적으로 제 수집욕의 가장 큰 수혜자는 밀키가 되었답니다. 밀키의 성향이나 좋아하는 분야를 고려하여 다양한 재료를 탐구하고, 나이대 특성에 맞춰 재료를 쥐여 주면서 어떻게 노는지 보는 것은 정말 즐거워요. 그런데 내 아이의 성향에 딱 맞는 재료를 만나려면 시행착오를 겪을 수밖에 없어요. 조물조물 점토 놀이를 좋아하는 아이가 있는가 하면 무언가를 오리고 접는 데 더 재미를 느끼는 아이가 있죠. 이러한 성향을 무시하지 않으면서 다양한 재료를 탐색할 수 있도록 환경을 만들어 주는 게 바로 부모의 역할이 아닌가 싶습니다.

이번에는 내 아이에게 맞는 미술 재료를 고르는 방법에 대해 알려 드릴게요.

● 칠하기

크레용이나 색연필은 어떤 것이 좋을까?

문구점에 가면 다양한 크기와 모양의 크레용과 색연필을 만날 수 있습니다. 그래서 엄마들은 고민에 빠지죠. '예쁜 것, 굵은 것, 가는 것, 짧은 것……. 우리 아이가 사용하기에 가장 좋은 것은 무엇일까?' 오래 쥐고 그림을 그리려면 일단 아이가 손에 쥐기 편해야 합니다. 주먹을 쥐듯 크레용을 쥐는 나이의 아이라면 가는 것보다는 짧고 통통한 모양의 크레용이 좋겠지만, 연필을 쥐듯 크레용을 쥐는 나이의 아이라면 연필 굵기의 크레용이 더 편하겠죠.

그런데 더 중요한 것은 발색력이에요. 너무 저렴하면 색이 흐릿하고, 힘을 많이 줘야 칠해지기도 해요. 색을 익히고 재료와 친해지기에는 힘든 조건이죠. 칠했을 때 색이 선명하게 드러나는 크레용과 색연필을 선택해 주세요.

어디에 그릴까?

아이들의 물감은 물로 녹이는 수채 물감이에요. 수채 물감을 제대로 표현하기 위해서는 그림을 그리는 종이가 중요하죠. 물감으로 그림을 그리거나 놀이를 할 때는 두께가 있는 종이(120g 이상)를 추천해요. 물기 때문에 애써 그린 그림이 찢어지면 아이도 속상하거든요.

아이가 본격적으로 그림을 많이 그리기 시작하면 스케치북 한 권이 물 쓰듯 없어지는 것을 경험하게 돼요. 그래서 저는 아이가 그림을 마음껏 그릴 수 있도록 전지나 전지 크기의 크라프트지를 사 두고 한번씩 방에 펼쳐 줘요. 아이의 세상은 작은 스케치북에서 확장되고, 아이는 자신이 내키는 만큼 마음껏 그릴 수 있죠. 가끔은 종이뿐 아니라 유리나 천, 심지어 돌에도 물감 놀이를 해요. 아이가 접할 수 있는 재료는 다양하면 다양할수록 좋답니다.

물감은 튜브형이 좋을까, 고체형이 좋을까?

보통 물감이라고 하면 튜브형을 떠올리죠. 그러나 수채 물
감의 역사는 고체형이 더 오래되었답니다. 블록형으로 되어
있는 고체형 물감은 발색력도 좋고 물감도 아낄 수 있어요.
물론 아이들은 튜브형을 더 좋아해요. 뭔가를 짜는 것이 신기하고 재미있기
때문이죠. 그러나 '한 번에 다 짜 버리는 것=재료비 탈탈'의 의미를 모르는 아기일 때
는 고체형을 준비해 주세요. 그리고 색을 섞어 사용할 줄 알고, 양을 적당히 조절해서
쓸 줄 아는 나이가 되면 튜브형을 마련해 주세요.

참고로 전 아이용을 살 때 꼭 무독성인지를 확인합니다. 우리 아이들은 물감을 종
이에만 칠하지 않거든요. 손과 발은 물론이고 얼굴까지도 물감 놀이의 대상에서 벗어
나지 못한다는 것, 잊지 마세요!

팔레트로 활용할 수 있는 다양한 재료들

물감 놀이를 하다 보면 팔레트가 많이 필요할 수 있어요. 사용하는 색의 수도 점점
늘어나고, 물감을 이것저것 섞어 보기도 하기 때문이죠.

다양한 색을 쓰는 나이가 된 밀키는 달걀판과 얼음 틀을 번갈아 이용해요. 얼음 틀
의 장점은 자주 물갈이를 하지 않아도 되고 아이가 색을 섞으며 응용해 볼 수 있는 칸
이 많다는 점이랍니다. 만약 팔레트를 씻는 것이
불편한 장소에서 물감 놀이를 한다면, 일회용 접
시를 추천해요.

물감, 붓으로만 칠하지 말자

붓은 물감을 칠하는 데 가장 일반적이지만 의외로 사용하기 어려운 도구죠. 어른도 어렵고 재미가 없으면 관두는데 하물며 손놀림이 미숙한 아이는 어떻겠어요. 유명한 화가들도 붓 이외의 도구를 다양하게 사용해요. 나이프로만 그리기도 하고, 손을 쓰기도 하죠. 아이들에게 물감을 칠할 수 있는 다양한 도구를 소개해 주세요. 액체를 머금을 수 있는 재질의 도구면 됩니다.

예를 들면 저렴하고 구하기 쉬운 스펀지나 면봉, 스포이트와 같은 것들이요. 아이들에게도 실험할 수 있는 기회를 주세요!

● 만들기

점토=플레이도우?

밀키가 처음으로 접한 점토는 바로 밀가루로 만든 도우예요. 피부가 민감한 어린아이들이 처음 놀이를 시작할 때 쉽게 접할 수 있는 점토죠. 색에 대한 감각이 생기고 복잡한 만들기가 가능한 시기가 되니 '플레이도우, 촉촉이샌드'와 같은 것들로 다양한 형태 만들기를 하며 즐겁게 놀더라고요.

모든 종류의 놀이용 점토를 섭렵하고 나서 밀키가 만난 것은 바로 진짜 점토들! 도자기 공방에서 도예용 점토로 그릇을 만들어 본 후 점토에 대한 흥미가 높아진 밀키는 집에서 저와 그릇을 만들어 오븐에 구워 보기 시작했어요. 오븐 점토(폴리머클레이)는 110℃로 30분 정도 오븐에서 구우면 예쁘게 굳고, 굳기 전에 색을 입히기도 좋은 점토예요. 밀키는 반짝이 오븐 점토로 접시도 만들고 액세서리도 만들어요.

풀의 종류가 왜 이렇게 많죠?

풀은 다양하게 준비되어 있을수록 좋답니다. 물 풀, 딱풀, 목공용 풀, 만능 풀, 반짝이 풀까지. 미국에서 공예용으로 발명된 만능 풀mod podge은 정말 다양한 곳에 쓰입니다. 목재, 패브릭, 비즈 등을 이용해 만들기를 할 때 감초 같은 존재죠. 반짝임은 좀 떨어지지만 집에서도 만능 풀을 만들 수 있습니다. 목공용 풀과 물을 1:1 비율로 섞어주시면 됩니다.

하지만 무언가를 붙이다 보면 한계에 부딪히는데 그럴 때 쓸 수 있는 것이 바로 글루 건이에요. 글루 건은 자칫 화상을 입을 수 있어서 만 5세 이상일 때 사용하는 것을 추천해요. 어린이용 면장갑을 하나 마련해서 조심스럽게 글루 건을 사용해 보게 하세요.

가위는 몇 살 때부터 사용해야 할까?

밀키는 아빠의 코털 가위를 몰래 가져가 종이 재단을 시작하였죠. 가위에 대한 호기심이 왕성해질 때쯤 유아용 안전 가위를 사 주고 부모와 같이 몇 가지 오려 보며 가위질을 시작하면 좋아요. 물론 무서워하는 아이에게 억지로 가위를 쥐여 줄 필요는 없습니다. 하지만 24개월이 지난 아이는 가위를 쥐고 움직이는 것이 가능하니 종이 오리기로 흥미를 돋우며 천천히 시작해 보세요.

컵 데쿠파주

데쿠파주는 종이나 천 조각을 오려 붙여서 낡은 물건을 수선하는 데 쓰이는 공예 기법이에요. 이 기법을 이용해서 작은 법랑 컵을 꾸며 볼게요. 평소 빈티지 문구류를 모으는 저는 데쿠파주를 할 때에도 모아 둔 것들을 종종 사용해요.

데쿠파주에 쓰이는 만능 풀은 따로 구입할 필요가 없는 것 알고 계시지요? 팔기도 하지만 구하기 어려우실 때에는 목공용 풀과 물을 1:1로 섞어서 사용하시면 됩니다. 스티커를 붙이거나 만능 풀을 바르는 단순한 작업은 아이에게 맡겨 보세요. 가위질에 어느 정도 익숙한 아이라면 마스킹 테이프에서 좋아하는 부분을 골라 직접 오리도록 해도 좋아요. 아이가 좋아하는 캐릭터나 동화 속 이야기의 주인공이 담긴 스티커, 아이와 같이 찍은 사진 같은 것들도 오려 붙이면 멋진 데쿠파주 작품을 만드실 수 있을 거예요.

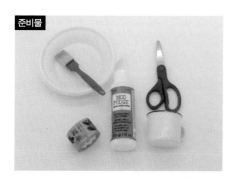

◇ **준비물** ◇ 마스킹 테이프, 가위, 법랑 컵, 만능 풀, 붓

1 마스킹 테이프를 컵에 둘러 가며 붙여 줍니다.

2 마스킹 테이프 위를 만능 풀로 칠해 줍니다.

3 풀이 마르면 한 번 더 칠해 주세요. 코팅한다고 생각하시면 됩니다.

4 잘 말려 주면 한층 더 예뻐진 컵이 됩니다.

계절을 붙잡는 나뭇잎 놀이

    집에서 사용하지 않는 유리병들을 어떻게 처리할까 궁리하다 낙엽으로 등을 만들기로 했습니다. 저는 유리가 두껍고 크기가 아담한 요거트 병을 선호합니다. 전구를 꺼내기 쉽거든요. 입구가 좀 넓은 유리병이라면 뭐든 상관없답니다. 미니 전구 또한 천원 숍이나 온라인 몰에서 쉽게 구할 수 있어요. 저처럼 찬장에서 유리병이 잔뜩 졸고 있다면 하나쯤 깨워 보세요.

    병 안쪽에 낙엽을 겹쳐 붙이는 작업은 아이들이 하기는 꽤 정교하니, 오늘은 아이에게 조수 역할을 맡겨 보세요. 밀키는 만능 풀을 흠뻑 바르는 작업을 돕기도 하고 낙엽을 골라 주며 즐거워합니다.

    만들어진 등은 밀키의 침대 옆을 지키기도 하고, 식탁에서 초를 대신하면서 집 안의 분위기를 따뜻하게 바꿉니다. 아이와 올가을의 정취를 담아 귀여운 미니 등을 만들어 보는 건 어떠세요?

◆ 준비물 ◆ 〉 (다양한 모양과 색의) 낙엽, (입구가 넓은) 유리병, 전구, 만능 풀

1 낙엽을 주우러 밖으로 나갑시다!

2 주운 낙엽 중 예쁘고 깨끗한 것을 골라 주세요. 낙엽이 마르기 전에 놀이를 해야 만들기 편해요.

3 병 안쪽에 만능 풀을 듬뿍 발라 줍니다. 많이 발라도 괜찮습니다. 바를 때 붓이나 스펀지를 이용하면 좋아요.

4 병 안쪽에 낙엽을 붙입니다. 낙엽 한 장, 풀 한 장이라는 느낌으로 겹쳐서 만능 풀을 발라 주세요.

5 하룻밤 정도 굳히고 미니 전구를 넣으면 끝! 병 둘레에 리본이나 끈을 달면 더 예뻐요.

핼러윈 전등갓 꾸미기

'핼러윈이 뭐지?' 하던 아이도 다섯 살쯤 되면 핼러윈을 '간식을 받는 즐거운 날'로 인지하더군요. 호박, 마녀, 벌레 등 그림책에서 봤던 것을 떠올리며 밀키와 핼러윈 분위기를 낼 수 있는 전등갓 꾸미기를 해 봤어요. 외국의 명절이든, 우리나라의 명절이든 즐겁게 보낼 수 있는 날이 늘어나면 좋은 거죠.

부광이 되는 티슈페이퍼로 간단하게 꾸민 핼러윈 선등갓! 가위질에 재미를 들이기 시작한 밀키는 매우 집중하면서 하더군요. 풀은 티슈페이퍼에 듬뿍 발라 주어야 너덜거리지 않고 잘 붙습니다. 펀칭기도 한두 개 마련해 보세요. 종이로 놀이를 할 때 요긴하게 쓰입니다.

전등갓은 시기에 따라 다양한 주제로 만들 수 있어요. 여름이라면 수박, 참외 같은 제철 과일을 만들어 붙여 볼 수 있겠고, 겨울이라면 눈사람, 털모자, 크리스마스트리 같은 것들도 생각해 보세요. 하트나 별, 동그라미 같은 기본 도형은 만들기도 쉽고 계절도 타지 않아 언제나 재밌게 만들어 볼 수 있답니다.

어른들은 도안을 그리고, 아이는 그려 준 도안을 따라 가위질을 하며 놀아 보세요. 아이가 그린 그림을 오려 전등에 꾸며 주어도 좋습니다. 너무 예쁘게 만들려 애쓰지 마세요. 슬쩍슬쩍 붙인 다음 전등을 켜고 오려 붙인 사물을 함께 이야기하며 잠들게 하면 어떨까요?

78

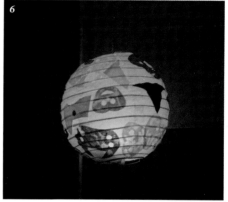

티슈페이퍼, 미니 전등갓, 미니 전등, 물 풀, 가위, 펀칭기

1 색색의 티슈페이퍼를 손바닥 크기로 잘라 줍니다.

2 아이와 함께 티슈페이퍼 위에 호박, 별, 마녀 등 그리고 싶은 것들을 옅은 색의 색연필로 그립니다.

3 직접 그린 그림을 아이가 가위로 자를 수 있도록 도와주세요. 펀칭기로 눈을 만들면 재미있어요.

4 티슈페이퍼를 전등갓에 붙입니다.

5 잘 말려서 완성!

6 날이 어두워지면 전등을 켜 보세요!

가을 느낌이 담뿍 담긴
리스 만들기

계절이 바뀌면 그 계절에 맞는 리스를 만들고 싶어져요. 리스 만들기를 어렵게 생각하시는 분들도 많지만 리스 틀만 있으면 어렵지 않아요. 리스 틀은 온라인 몰에서 쉽게 구매할 수 있어요. 밀키 베이비 아트클래스에서도 자주 하는 놀이랍니다.

리스 만들기의 장점은 무엇보다 응용이 자유롭다는 거예요. 저는 폭신폭신한 느낌의 이끼류를 주로 사용합니다. '스칸디아모스'로 검색하시면 구입하실 수 있어요. 이끼 위에 뛰노는 공룡을 붙여도 좋습니다. 아이가 좋아하는 가볍고 작은 것이라면 무엇이든 붙여 주세요. 조금만 붙여도 풍성하게 보여요.

또 하나, 저는 밀키가 다섯 살이 되었을 때부터 글루 건을 함께 사용했어요. 아이용 면장갑을 하나 마련해서 조심조심 글루 건을 쓰게 하면 더 다양한 재료를 단단하게 붙일 수 있어요.

•준비물• 리스 틀, 리스에 붙일 장식물(낙엽, 솔방울, 이끼, 드라이플라워, 피규어, 폼폼, 깃털 등), 끈이나 리본

1 리스 틀, 준비되셨나요? 저는 온라인으로 3-5개씩 사곤 해요. 리스 틀에 드라이플라워를 사선 방향으로 꽂아 줍니다.

2 목공용 풀로 고정할 부분을 칠해 줄게요.

3 가볍고 작은 장식물을 마음껏 붙여 주세요. 저와 밀키는 새알 모형을 조금 붙여 주었습니다.

4 풀이 마르면 끈을 달아 벽에 걸 수 있게 만듭니다.

잡지를 활용한
인형 놀이

저는 잡지를 보는 것을 즐길 뿐 아니라 모으기도 해요. 가끔은 한가득 쌓여 있는 잡지들이 짐스러울 때가 있는데, 밀키가 하나씩 꺼내 오리고 붙이며 노는 것을 보면 버리지 않길 잘했다고 생각하죠. 밀키는 주로 자기 마음에 들거나 자기가 입고 싶은 옷들을 잘라 붙여요. 잡지 속에서 또래 아이들이 나오면 오려서 인형으로 쓰기도 하고요. 스스로 노는 방법을 터득했다는 게 여간 기특하지 않아요.

아이가 꼼지락거리며 노는 모습을 보면 제가 디자인을 하기 전에 '무드 보드'를 만드는 것이 떠오릅니다. 본격적으로 디자인을 시작하기 전에 분위기나 색상을 맞춰 보기 위해 여러 이미지를 모아 배치해 보는데 그것을 '무드 보드'라고 하거든요.

제 기억에 생애 처음으로 본 무드 보드는 바로 저희 어머니의 스크랩북이에요. 어머니께서는 빈티지 스타일의 패션 화보를 커다란 앨범에 스크랩해 두셨는데, 어릴 때 그걸 몰래 꺼내 보곤 했죠. 그런데 제 딸도 저와 같은 놀이를 하며 호시탐탐 제 잡지들을 노린다는 게 얼마나 재미있고 신기한지 몰라요. 모전여전인 걸까요?

• 준비물 • 잡지 복사본(두꺼운 색지나 종이에 복사하시면 더 좋아요!), 아이스크림 스틱, 휴지 심, 풀, 테이프, 가위

1 잡지에서 마음에 드는 사람이나 옷, 액세서리를 골라서 오려요. 가급적 전신이 다 나와 있는 것을 골라 주세요.

2 오린 사람을 휴지 심에 붙여요.

3 사진이 크면 아이스크림 스틱을 이어 붙여 주세요. 사진이 휘어지지 않고 잘 고정돼요.

4 옷을 새롭게 구성해 보거나 액세서리를 붙여 인형 놀이를 시작해요!

분필로 그린 그림

'분필'은 정말 흥미로운 재료예요. 가루가 폴폴 날려서 활용하기 힘들다고요? 미국 여행 중에 발견한 초크 파스텔, 초크 페인트는 분필(초크)을 가루가 날리지 않게 만든 그림 도구예요. 초크 파스텔은 우리나라에서도 구할 수 있어요. 분필이랑 비슷한데, 크레용보다 왁스가 조금 덜 섞여 있어 파스텔 특유의 따뜻한 느낌을 낼 수 있죠. 초크 페인트는 초크 가루에 물을 섞어 농도를 조절해 물감같이 쓸 수 있는 제품이에요. 넓은 면적에 뿌리고 놀기가 가능하죠.

'초크'가 포함된 그림 재료의 가장 큰 장점은 검은색, 진회색 바탕에서도 색이 잘 보인다는 거예요. 바닥에 그림을 그리거나, 사방치기 바탕을 그릴 때 좋아요. 그래서 저는 밀키와 여행 중에 발견하면 꼭 사 둡니다.

저희 집 화장실은 검은색 타일로 되어 있어, 밀키 혼자서도 따로 칠판을 사용하지 않고 화장실 바닥에 그림을 그려요. 초크 파스텔로 그리고 물로 지우기를 반복합니다. 종이와는 또 다른 질감을 느끼면서 말이에요. 혹은 간단하게 검은색 도화지에 그리기도 합니다.

이번에는 초크 파스텔의 특징을 이용한 색칠 놀이를 소개할게요. 글루 건으로 스케치하는 것만 도와주시면 아이 스스로 할 수 있는 놀이입니다.

· 준비물 · 초크 파스텔, 검은 도화지, 글루 건

1 글루 건으로 검은 도화지에 밑그림을 그려 줍니다. 저는 여우를 그려 봤어요.

2 글루를 잘 식힌 후 아이가 선 안쪽을 초크 파스텔로 마음껏 칠하도록 돕니다.

3 색이 섞인다는 사실도 알려 주세요. 손가락으로 섞어도 좋고 면봉으로 섞어도 됩니다.

4 예쁜 모자이크 그림 완성!

여행의 추억을 걸다, 나뭇가지 벽 장식

추억은 되새길수록 기억에 오래 남죠. 그래서 저는 여행을 다녀오면 따로 여행 사진첩을 만들어 주거나, 나뭇잎, 조개 등 여행 중에 얻은 기념품으로 아이방을 꾸며 줍니다. 그중 아이와 쉽고 재밌게 할 수 있는 벽 장식 만들기를 소개할게요.

공원이나 숲에서 주운 자연물로, 여행의 추억을 되살릴 수 있는 근사한 벽 장식을 만들 수 있어요. 집에 펠트 공이나 인형 등 가벼운 장식물이 있다면 활용해서 포인트를 줄 수도 있죠. 저는 펠트로 만든 밀키 인형과 버섯 모형을 함께 장식해 봤습니다. 속초 여행 중 설악산에 가서 수운 솔방울과 나뭇잎을 보며 밀키와 이런저런 이야기를 나눌 수 있었어요.

밀키는 가위를 쥐고 있다가 낚싯줄을 끊으며 엄마를 도와주기도 하고, 달아 보고 싶은 자연물이나 기념품을 더 챙겨 오기도 합니다. 아이와 여행을 하다 보면, '아이가 과연 기억이나 할까?' 하는 생각이 드는 순간이 종종 있는데요 아이와 함께 주운 가족만의 기념품을 벽에 걸어 두고 자주 보니, 여행을 더 오래 기억할 수 있어 좋았습니다.

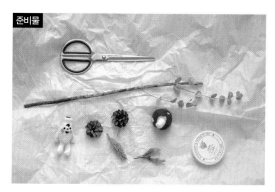

준비물

1-2

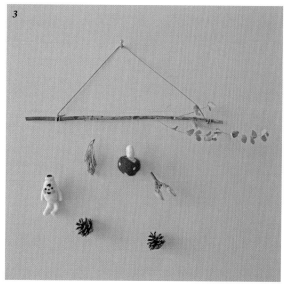

3

◆ 준비물 ◆ 나뭇가지, 아이와 모은 다양한 자연물 또는 가벼운 소품, 낚싯줄, 가위

1   나뭇가지의 잔가지를 가위로 제거해 주세요. 저는 유칼립투스 가지가 있어서 이걸로 했어요.

2   솔방울, 나뭇잎 등 윗부분을 낚싯줄로 동여맨 후, 나뭇가지에 매달아 주세요. 아이의 장난감 중 가벼운 것들로 포인트를 주어도 좋아요.

3   완성된 장식을 허전한 벽에 살짝 걸어 주면 끝!
    벽 장식을 보며 아이와 여러 가지 이야기를 나누어 보세요.

간단한 압화 액자 만들기

꽃을 보면 기분이 좋아져요. 아이 어른 할 것 없이 말이죠. 투명한 압화 액자를 만들어 집 안 곳곳에 두면 꽃이 떠다니는 듯한 느낌을 줘서 화사한 분위기를 낼 수 있어요.

한번은 밀키가 유치원에서 꽃 화분을 집에 가져왔어요. 아이가 꽃 이름을 기억하고 애정을 담아 키우는 것을 보며 밀키와 압화 액자를 만들어야겠다고 생각했죠. 밀키가 꽃잎과 줄기를 자세히 관찰할 수 있도록요.

유리 액자로 하는 것이 정석이지만 유리는 아이들이 다루기 위험해서 뭘로 대체할 수 있을까 궁리하다가 OHP용 필름과 아이스크림 스틱을 이용해 보기로 했답니다.

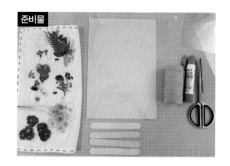

◇ **준비물** ◇ OHP용 필름 2장, 압화, 아이스크림 스틱 4개, 목공용 풀, 글루 건, 노끈

1 액자에 넣을 꽃이나 나뭇잎을 미리 두꺼운 책갈피에 넣어 압화를 만들어 주세요.

2 OHP용 필름 두 장을 잘라 주세요. 크기는 가지고 있는 아이스크림 스틱보다 조금 작은 것이 좋습니다. 한
장은 깔개, 나머지 한 장은 덮개로 쓸 거예요.

3 OHP용 필름에 압화를 올릴 때는 전체적인 조화를 생각하되 자유롭게 구성해 주세요. 압화가 움직이지 않
도록 목공용 풀로 살짝 고정해 주면 좋습니다.

• 압화를 목공용 풀로 붙일 때 면봉이나 붓을 이용해 보세요.

<u>4</u> 목공용 풀이 투명해지면 OHP용 필름 덮개를 포개 주세요.

<u>5</u> 글루 건을 이용해 아이스크림 스틱을 맞닿게 붙여서 액자를 만들어 주세요.

● 아이스크림 스틱은 아이가 색을 칠해도 좋고 나뭇결 그대로 두어도 예뻐요.

<u>6</u> 끈을 달아 벽에 걸 수 있도록 만들어 주세요.

압화는 조심조심 다뤄야 부서지지 않아요. 그래서 손놀림이 아직 정교하지 않은 아이에겐 어려운 과제일 수 있죠. 압화가 밀키 손에서 바스러질 때면 저도 속으로 '으아아악'을 외치지만, 이렇게 정교한 작업도 해 보고 실수도 하며 배우는 것이겠지 하고 스스로를 위로한답니다. 만들고 나면 또 다른 모양으로 만들고 싶어지는 게 바로 이 압화 액자랍니다.

스톤 아트로 액자 만들기

아이들은 어른들의 시선과 사뭇 다른 것을 관찰해 내는 능력이 있는 것 같아요. 그냥 지나칠 법한 주변의 조형물이나, 하다못해 버려진 쓰레기도 호기심에 쪼그리고 앉아 관찰하는 일이 빈번하지요. 밀키는 채집을 좋아해요. 길을 가다가도 뭔가를 '줍줍' 하는 아이라 산책을 하고 나면 제 주머니에는 항상 나뭇잎이나 나무 열매, 돌이 들어 있죠. 이런 것들을 모아 작은 작품을 만들 수 있어요. 아주 간단하게요.

마치 나무 쟁반처럼 테두리가 깊게 둘러 있어 안쪽으로 쏙 들어간 것처럼 보이는 액자를 '관형 액자'라고 해요. '관 액자, 관형 액자' 등으로 검색하시면 구하실 수 있어요. 여기에 주워 온 자연물을 붙여 꾸며 주면 예쁜 인테리어 소품이 된답니다. 작은 돌에 그림을 그리고, 가벼운 것들을 함께 붙여 주세요. 돌에 채색을 한다거나, 풀칠을 한다거나 하는 간단한 작업은 아이에게 맡겨 보세요. 아이용 면장갑을 구비해 놓으시면 아이도 글루 건을 어느 정도는 쓸 수 있습니다. 저는 작아서 다가오는 겨울엔 못 쓸 것 같은 겨울용 장갑을 활용하기도 했답니다.

> **준비물** 관형 액자, 유성 마커, 글루 건, 자연물(나뭇가지, 돌, 이끼, 드라이플라워 등), 검은 색종이나 펠트지

1 아이와 함께 주워 온 자연물을 늘어놓고 어떻게 구성하고 싶은지 이야기를 나눠 봅니다. 밀키와 저는 돌을 새 세 마리로 만들고, 이들이 그네를 타는 모습으로 꾸며 보려고 해요.

2 나뭇가지에 글루를 묻혀 그네 하나, 나무 하나 만들어 줄게요.

3 이끼로 나무 잎사귀를 만들어 줍니다. 꼭 이끼가 아니어도 괜찮습니다. 진짜 나뭇잎을 쓰셔도 좋아요.

<u>4</u> 마커로 돌에 새의 배가 될 부분을 칠해 주세요. 검은 종이로 부리도 만들어 붙여 줍니다. 이렇게 두 마리를
더 만들어서 가족을 만들게요.

<u>5</u> 글루 건으로 엄마 새, 아빠 새, 아기 새를 차례로 붙여 줄게요.

<u>6</u> 마지막엔 드라이플라워로 그네 옆을 꾸며 주었어요.

풀로 붙이는 작업을 하시기 전에 도화지에 아이가 주워 온 것을 늘어놓고 형태를 미리 결정하고
작업하시는 것을 추천합니다. 아이에 따라 공룡이 되기도 하고 추상 작품이 되기도 하지요. 자연물
을 콜라주한 작품이 담긴 동화책을 참고하셔서 따라 하는 것도 좋은 방법이 될 수 있어요.

때로는 아이의 예술적 욕구를 생활 속으로 확장하여
아이가 자신의 작품에 자부심을 느낄 수 있는 기회를 만들어 주는 것도
필요하다는 사실을 깨달았죠.

03
/
솜씨에 쓸모를 더한
아트놀이

아트놀이가 좋은 이유? 백만 가지!

　예술은 인간의 본능적이고 가장 기초적인 자기 표현 수단이에요. 특히 아이는 그림으로 자신의 생각을 드러내죠. 밀키는 매일매일 그림을 그려요. "이건 어제 꿈에 나왔던 괴물인거고." 하면서 설명하기도 하고, "이건 엄마야, 엄마가 울고 있어." 하면서 자신이 보고 느낀 바를 표현하기도 해요. 그러면 엄마인 저는 그림을 통해 아이의 심리 상태와 공감 능력을 가늠합니다. 미술이 아동 심리 검사 및 치료의 도구로 널리 쓰이는 이유도 여기에 있죠.

　쌓여만 가는 밀키의 그림을 좀 더 잘 활용해 볼 수 없을까 고민하던 차에, 밀키의 그림을 옷에 옮겨 주면 어떨까 하는 아이디어가 떠올랐어요. 간직하고 싶은 기억, 스스로 만들어 낸 이야기 등이 담긴 그림을 옷에 옮겨 주니, 낡은 옷인데도 아이가 정말 좋아하며 자랑스레 입고 다니더군요. 때로는 아이의 예술적 욕구를 생활 속으로 확장하여 아이가 자신의 작품에 자부심을 느낄 수 있는 기회를 만들어 주는 것도 필요하다는 사실을 깨달았죠. 그다음부터는 밀키와 운동화를 리폼해 보기도 하고 카드를 직접 만들어 어른들이나 친구들에게 마음을 전달해 보기도 했어요.

예술이 아이에게 좋은 영향을 준다는 것은 책을 통해 알고 계실 거예요. 예술을 놀이로 접하면 삶에서 필요한 몇 가지 필수적인 자질을 즐겁고도 쉽게 익힐 수 있어요. '관찰력', '심미안', '상상력', 그리고 '자기 표현력'이 바로 그것이에요. 이 네 가지 자질은 힘들이지 않고도 매력적인 사람이 될 수 있도록 우리를 도와주죠.

또한 '창의력'은 급변하는 시대를 살아갈 우리의 아이들이 꼭 갖추어야 할 능력으로 여겨지고 있어요. 그런데 새로운 것을 생각해 내는 능력이나 그것을 표현해 내는 기술은 한순간에 얻을 수가 없습니다. 그래서 저는 각 가정에서 이루어지는 예술 활동이 공공 교육만큼, 아니 어쩌면 그보다 더 중요하다고 생각합니다. 우리의 아이들은 아트놀이를 하면서 독창적인 시각을 기르고 창의적인 아이디어를 표현할 줄 아는 사람으로 성장하게 될 거예요. 아이들에게 그런 잠재력이 있냐고요? 물론이죠. 아트놀이를 하는 동안 아이들에게서 부모님이 상상한 것 이상의 잠재력을 발견하시게 될 거예요.

아이의 창작 욕구를 없애는 말 VS 북돋는 말

아트놀이도 '놀이'이기 때문에 아이 스스로 동기 부여를 하는 게 가장 중요해요. 그런데 아이는 난관에 부딪힐 때 쉽게 의욕을 잃거나 좌절할 수 있어요. 그때 곁에서 효과적인 응원의 말을 던져 주면 아이의 창작 동기는 더욱 커지죠.

상황 1 아이의 작품 속 내용을 먼저 정의하지 말고, 작품의 특징만을 콕 집어 이야기해 줍니다.

> "나비 그린 거지? 노란 나비가 참 예쁘다." (×)
> "노란색을 많이 썼네. 선을 많이 그리느라 팔이 아팠을 텐데 끝까지 열심히 했구나!" (O)

상황 2 놀이를 하는 도중 마무리가 잘 되지 않아 아이가 시무룩해 있다면 지금까지 한 것을 되돌아보게 하세요.

> "이렇게 큰 그림을 혼자 색칠하는 게 쉬운 일이 아닌데 여기까지 혼자서 잘 해냈구나! 아빠가 봤는데 진짜 긴 시간 집중해서 하더라."

상황 3 자꾸 어른에게 만들어 달라고 요구하는 아이라면, 혼자서 한 부분을 강조해서 말해 주세요.

> "힘들면 엄마랑 같이 만들어 볼까? 근데 여긴 밀키 혼자 만들었네? 동그랗게 잘 만들었다! 이 부분은 밀키가 혼자 생각해서 만든 거야? 대단하네."

그림을 그리다가 종이가 찢어지고 색연필이 부러지고 물감을 몽땅 쏟아 작품이 망가지면 아이는 어떻게 할까요? 앞으로 우리 아이들은 살면서 생각지도 못한 문제에 맞닥뜨리게 될 거예요. 아이가 문제를 풀어 나가고 해결하는 과정에서 부모가 해 주어야 할 것은 '평가'가 아니라 세심하고 진심 어린 '응원'이라고 생각해요. 아이는 그 응원들을 마음속에 차곡차곡 쌓아 가며 스스로 성장해 나갈 겁니다. 아이의 성장 과정을 곁에서 지켜보면서 끊임없이 의욕을 북돋아 주세요!

예술적인
운동화 리폼 놀이

아이의 흰 운동화가 빨아도 빨아도 영 하얗게 되지 않아 리폼을 시도해 보았습니다. 이왕이면 리폼을 할 때 아이도 함께하면 더 좋겠죠? 혹시 아이의 낙서로 가득한 운동화가 될까 봐 걱정하고 계신다면 안심하셔도 좋아요. 이 운동화 리폼 방법은 번지는 효과를 이용해서 마커 자국이 남지 않게 만드는 거거든요. SNS에 소개했더니 많은 분들이 물개 박수를 보내 주셨어요. 패브릭 마커 하나로 예술적 효과를 낼 수 있는 방법, 알아 가세요!

· 준비물 · 운동화, 패브릭 마커, 알코올 솜, 비닐장갑

1 운동화의 밑창 부분은 **빼고** 천으로 된 부분만 패브릭 마커로 칠해 줍니다.

2 한 색상으로 칠하다가 다른 색상을 조금씩 겹쳐 가면서 칠해 주세요.

3 신발 양쪽을 다 칠한 다음, 비닐장갑을 끼고 알코올 솜으로 두드려 가며 색을 번지게 합니다.

4 완성된 신발을 잘 말려 주세요!

밀키는 자신이 직접 리폼한 운동화가 자랑스러운지 매일 신어요.

운동화뿐 아니라 다양한 패브릭 제품, 예를 들면 가방이나 쿠션에도 응용 가능하니 다양하게 시도해 보세요!

풍덩! 입욕제 만들기

밀키베이비 아트놀이 영상 중에서 반응이 좋은 것을 하나 꼽자면 바로 입욕제를 만드는 영상입니다. 쌀쌀한 계절이 되면 밀키는 가끔 목욕을 거부하는데, 입욕제가 있다고 하면 욕조로 직행하죠. 아이의 목욕 시간을 즐겁게 만들어 주는 보글보글 입욕제!

아이용 입욕제를 구입하려고 보니 종류가 많아 고르기도 어렵고 좋지 않은 성분이 섞여 있는 경우도 있어 직접 만들기 시작했어요. 최근에는 밀키와 친연 색소를 넣은 일록딜록한 입욕제도 만들어 보았어요. 만드는 방법은 생각보다 복잡하지 않지만 재료 준비가 다소 까다로우니 한 번에 여러 개 만들어 두세요.

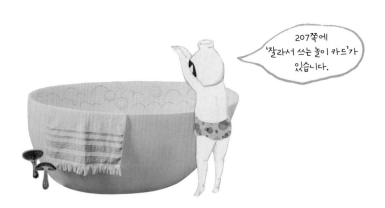

207쪽에 '잘라서 쓰는 놀이 카드'가 있습니다.

● 에센셜 오일은 허브의 종류에 따라 피부에 자극적인 것도 있어요. 티 트리 오일보다는 라벤더나 레몬 버베나 오일을 추천해요.

1-3

4-5

6

◆ 준비물 ◆ 베이킹 소다, 구연산, 에센셜 오일, 보디 오일, 머핀 틀이나 달걀판, 천연 색소, 종이컵

1 베이킹 소다 2컵, 구연산 1컵을 골고루 섞어 주세요.

2 에센셜 오일 6-7 방울을 한 방울씩 떨어뜨리며 섞습니다. 6번가량 반복해 주세요. 한꺼번에 넣으면 뭉쳐지지 않아요.

3 보습용 보디 오일을 10방울 뿌려 줍니다.

4 종이컵에 나눠 담고 천연 색소를 섞습니다.

5 머핀 틀(또는 달걀판)에 넣고 꾹 누릅니다.

6 2시간 정도 굳힙니다. 다 굳으면 비닐에 싸서 보관하고 목욕할 때마다 하나씩 욕조에 풍덩!

아이가 매끌매끌한 종이에만 익숙하다면, 당황스러울 만큼 거친 사포를 소개해 주세요. 밀키가 정말 좋아하는 놀이 중의 하나입니다. 사포와 가장 어울리는 미술 재료는 바로 크레용과 초크 파스텔이에요.

사포와 다른 재료의 만남 자체도 재미있지만, 더 재미있는 놀이 방법을 알려 드릴게요. 아이의 그림을 패브릭에 옮길 수도 있다는 사실 아시나요? 크레용이나 초크 파스텔의 왁스를 다리미의 열로 녹인 후 그 색을 천으로 옮기는 단순한 원리를 이용해, 집에서 쉽게 해 볼 수 있는 아트놀이입니다. '모노프린트'라고 불리는 이 작업은 아이에게도 무척 신기한 경험이 될 거예요. 직접 천에 패브릭 마커로 그림을 그리는 것은 어린아이에게 꽤 어려운 일인데, 그것과 비슷한 효과를 내면서 색다른 질감을 표현할 수 있어요.

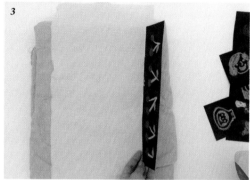

◇ •준비물• ◇ (가장 고운) 사포, 초크 파스텔(크레용), 광목 천, 다림질할 때 덮을 얇은 천, 다리미

1 사포에 초크 파스텔로 그림을 그립니다. 여기서 한 가지만 기억하세요. 아주 진하게 칠해야 합니다.

2 저와 밀키는 너무 재미있어서 그림을 여러 개 그렸네요.

3 광목을 구김 없이 편 후 그 위에 그림을 그린 사포를 올려 주세요. 그림과 광목이 맞닿도록 해 주세요. 그래
   야 그림이 천으로 옮겨 가겠죠?

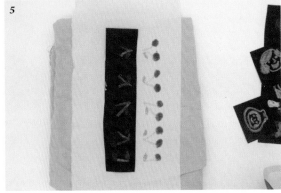

<u>4</u> 사포 위에 얇은 천을 덮고, 다리미를 면직물의 온도로 맞추고 15초 정도 다림질을 해 주세요.

<u>5</u> 같은 방식으로 원하는 그림들을 천으로 옮긴 후 말리면 완성!

- 완성된 그림을 처음 세탁할 때에는 단독 세탁하시길 추천합니다. 아이가 직접 조물조물 빨아 보게 하셔도 좋아요.

아이들은 자기가 만든 작품을 매우 자랑스러워해요. 조금 비뚤비뚤하고 어설플지라도, 아이의 눈에는 완벽 그 자체니까요.

엄마, 아빠가 자신의 이야기에 귀 기울여 주고, 함께 그림을 그려 준 것만으로도 아이들은 충분히 멋진 아트놀이 시간을 보냈다고 생각할 거예요.

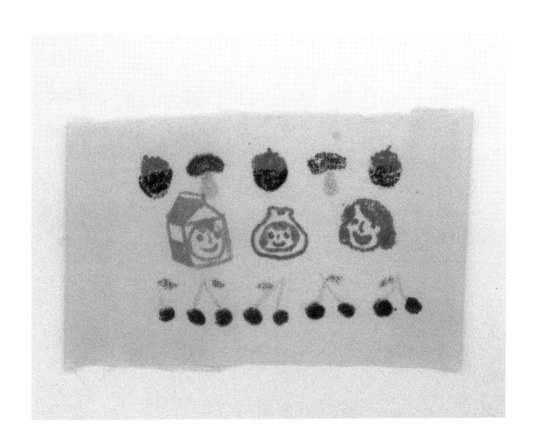

정성이 가득!
팝업 카드 만들기 1

곰돌이 카드

처음으로 아이가 직접 만든 카드를 받고 좋아하시던 조부모님들의 얼굴을 잊을 수가 없어요. 해가 지나면서 더욱 화려해지는 밀키의 카드! 조부모님들은 아이에게 받은 카드를 차곡차곡 소중하게 보관하시고, 아이는 조부모님 댁을 찾을 때마다 자신의 카드가 잘 있는지 확인하곤 합니다.

밀키는 스스로 끼적거릴 수 있을 때부터 생일이나 크리스마스, 신년에 카드를 썼어요. 글씨가 아니라 그림이지만요. 어릴 적부터 팝업 북에 익숙한 밀키는 팝업 카드를 무척 좋아해요. 그런데 팝업 북에 사용된 기법은 종류가 많고 복잡하죠. 아이는 조금만 어려워도 흥미를 잃기 때문에, 아이랑 간단하게 만들어 볼 수 있는 팝업 카드를 소개할게요.

◇ 준비물 ◇ 조금 두께가 있는 색지, 색연필, 가위, 풀

1   카드를 위한 종이와 그림을 그릴 종이를 마련해요. 저는 가로 18cm, 세로 13cm 정도의 종이 두 장을 마련
    했어요.

2   한 장은 반으로 접어 두고, 나머지 한 장에 곰돌이 모양을 그려 주세요.
    눈, 코, 입을 그리고 색을 입히는 작업은 아이에게 맡기세요.

3   곰돌이를 가위로 자릅니다. 아이가 할 수 있다면 아이에게 맡기세요.

4   총 네 부분을 접을 거예요. 몸통과 허리, 그리고 팔 부분이죠.
    먼저 곰을 반으로 접어 주세요. 카드를 접을 때 같이 접힐 부분이에요.

- 노란 점선은 바깥쪽
으로 접어 주세요.
- 하얀 점선은 안쪽으
로 접어 주세요.

5 _ 허리를 V 자로 접어 줍니다. 그리고 두 팔의 중간 부분을 반으로 접어 주세요. 곰돌이를 보고 계신 방향에
서 바깥 방향으로요.

6 _ 카드에 곰돌이의 다리를 풀로 붙여 주세요. 카드를 접으면 곰돌이가 요가를 하듯 엎어졌다가 카드를 펴면
벌떡 일어날 거예요.

7 _ 카드 나머지 부분에 그림을 그리거나 장식을 하면 완성! 아이에게 카드로 마음을 전하는 법을 알려 주세요.

정성이 가득!
팝업 카드 만들기 2

사과할래! 카드

허니콤 페이퍼는 신기한 구조 덕분에 아이들도 접었다 폈다 하며 꽤 오래 가지고 놀아요. 결국 손가락을 집어넣어 망가뜨리기 일쑤지만, 팝업 카드를 만들기엔 이것만큼 간단한 재료도 없답니다. 과일 '사과'와 미안하다고 말해야 할 때 '사과'를 깨우치며 말장난을 시작하는 아이들과 한 번 만들어 보세요. '미운 네 살'이 시작될 때 사과하는 방법을 자연스럽게 가르쳐 줄 수 있는 계기가 될 수 있답니다.

어른들은 허니콤 페이퍼를 사과 모양으로 잘라서 준비만 하면 되요. 원이나, 도넛 모양으로도 응용이 가능합니다. 나머지는 아이들이 스스로 할 수 있도록 유도해 주시면 좋을 것 같아요. 도화지를 반으로 접고 허니콤 페이퍼를 붙이는 간단한 작업으로 근사하게 완성할 수 있으니, 어린 친구를 둔 가정에서도 해 보세요.

1-2

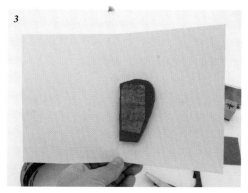

3

4

◇ •준비물• ◇ 엽서 크기로 자른 도화지, 가위, 스탬프, 허니콤 페이퍼, 갈색·녹색 펠트지(색종이 대체 가능), 양면테이프

_1_ 도화지는 반으로 접어 주고, 허니콤 페이퍼를 카드 절반 크기로 준비해 주세요.

_2_ 펼치면 입체적인 사과 모양이 될 수 있도록 허니콤 페이퍼를 사과 반쪽 모양으로 잘라 주세요.

_3_ 양면테이프로 카드의 한 면에 사과를 붙이고 나머지 면에도 붙여 줍니다. 사과의 중심과 카드의 중심이 잘 맞아야 해요.

_4_ 녹색 펠트지로 잎사귀를, 갈색으로 꼭지를 표현해 줄 거예요. 이런 작은 모양은 양면테이프로 종이를 맞붙여 놓고 자르면 더 편해요.

5 사과에 꼭지와 잎사귀를 붙여 주세요.

6 집에 스탬프가 있다면 카드 안쪽을 장식해 줍니다. 스티커를 붙여도 좋아요.

친구와 다투고 사과할 때 쓰려고 만들었지만 밀키는 아빠의 생일 카드로 써먹었었네요.

정성이 가득!
팝업 카드 만들기 3

팝업 카드는 응용 방법이 무궁무진해요. 그중에 약간의 난이도가 있지만, 자유롭게 꾸미기 좋은 팝업 카드를 소개해요. 카드 안에 또 카드가 있는 듯한 입체 카드예요. 치수만 잘 따라서 한 번 만들어 보면, 다음엔 뚝딱 만들 수 있는 카드이기도 합니다. 가끔 생각날 때 또는 특별한 날을 앞두고, 아이와 가볍게 만들어 보세요!

저는 이따금 색종이 대신 쓰고 남은 포장지나 잡지 같은 것을 잘라서 만들곤 합니다. 어떤 색과 무늬를 가진 종이를 쓰느냐에 따라 다양한 분위기의 감각적인 카드가 되곤 해요. 어른이나 친지들께 보낼 땐 전통적인 문양이 있는 종이로 만들기도 하고, 캐릭터나 발랄한 무늬가 있는 종이로 만든 카드는 친구 생일 선물을 보낼 때 슬쩍 껴 넣기도 합니다. 연말이나 신년, 스승의 날 같은 때에 선생님께 "밀키와 함께 만들었어요!" 하며 드리니 정말 좋아하시더라고요.

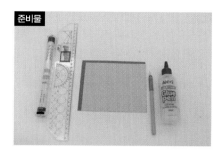

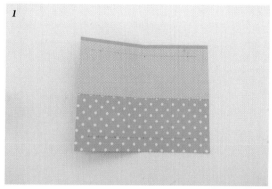

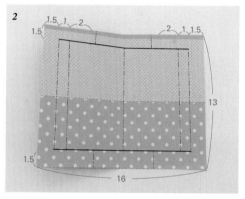

◇ **· 준비물 ·** ◇ 13cm ×16cm 크기의 패턴 종이 2장, 자, 칼, 마스킹 테이프

1 종이 둘레에 1.5cm 간격을 남겨 두고 선을 그어 주세요.

2 선을 그은 곳을 기준으로 양옆에서 1cm, 2cm 지점을 사진과 같이 표시해 주세요.

3 실선을 칼로 잘라 주세요.

_4_ 2번 사진을 참고하셔서 위아래는 옆으로 튀어나오게 접어 주세요.

_5_ 2번 사진을 참고하셔서 양 옆은 계단식으로 접어 주세요.

_6_ 바깥쪽 1.5cm 부분에만 풀을 발라 주세요. 사진에서 빗금친 부분입니다.

_7_ 1장 남은 패턴 종이로 풀을 바른 부분을 감싸 카드 표지를 만들어 줍니다.

_8_ 튀어나온 부분을 마스킹 테이프로 꾸미고 메시지를 적습니다.

부모가 행동의 저변을 조금 넓히면,
아이가 놀 수 있는 영역은 훨씬 커진답니다.

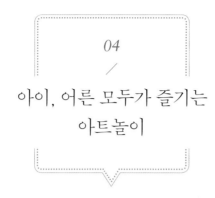

04
/
아이, 어른 모두가 즐기는
아트놀이

아트놀이를 하는 어른이 많아졌다

언젠가부터 어른들을 대상으로 하는 아트클래스가 늘어나기 시작했어요. 전통적인 취미인 회화나 도예, 꽃꽂이뿐만 아니라 캘리그래피, 컬러링, 위빙, 심지어 실크 스크린까지 다양해졌죠. 일상에서 예술을 가까이하려는 이유는 여러 가지가 있겠지만, 아름다운 것을 보고 만드는 것 자체가 심리적으로 안정과 행복을 가져다주기 때문이 아닐까 생각해요. 정신적 스트레스가 많은 시대에 꼭 필요한 활동이죠.

육아를 하는 바쁜 일상 속에서 이런 취미를 갖는 것이 무리라고 여기는 분들도 계시죠. 사실이에요. 육아를 하면 시간과 돈의 압박에서 자유로울 수 없죠. 그런데 아이와 함께 아트놀이를 하면서도 어른 대상의 아트클래스를 다니는 것과 같은 효과를 낼 수 있다는 사실을 아시나요? 제가 알려 드릴게요.

어른과 아이 모두에게 효과적인 아트놀이

소소하지만 확실한 행복을 느끼기 위해서는 먼저 자신이 어떨 때 행복한 기분을 느끼는지 알아야 해요. 이미 그것을 알고 있지만 바쁜 일과 때문에 실천은 뒤로 미뤄 두었을 수도 있어요. 육아와 일로 정신없을 때는 무언가를 생각하는 것조차 귀찮으니까요.

저는 새로운 미술 재료를 발견하고 모으는 데에서 행복을 느껴요. SNS를 통해 저의 아트놀이를 접하신 분들은 제가 마스킹 테이프나 스탬프, 빈티지한 느낌의 단추나 스티커를 애용하는 것을 아실 거예요. 다양한 소재의 재료를 수집하고 이를 요리조리 써 보는 '아트 탐구 생활'이 저는 더없이 즐거워요. 바쁜 와중에도 정말 틈틈이, 그러나 끊임없이 하는 일이에요. 아이의 놀이를 구상하면서 저의 탐구 영역은 더 넓어져서 요리 재료나 공예 재료를 섞어 보기도 하죠. 다행히 밀키는 마시멜로와 종이 빨대를 덜렁 내놓는 엄마를 이상하게 생각하지 않더라고요. 오히려 눈빛을 반짝이면서 호기심을 보이죠.

아이와 놀이를 만들어 가다 보면 어떤 새로운 재료로 신기한 규칙을 만들어 볼까 하는 궁리를 하게 돼요. "이렇게 한번 해 볼까?", "이렇게 해서 안 될 것 있어?" 하는 생각 자체가 아이와 저의 사고의 범위를 넓혀 주죠. 이러한 과정이 제가 하는 디자인 일과 일면 비슷하다고 느껴요. 흔히 디자인을 무에서 유를 창조하는 것이라 여기지만 사실은 그렇지 않거든요. 원래 있던 재료를 이용해 새로운 것을 구성해 내는 것이 바로 디자인이라서요. 그런데 이 재료라는 것이 무한하지 않기 때문에 한정된 자원 안에서 궁리를 하게 되고, 그러면서 아이디어가 탄생하게 돼요. 이 과정이 바로 창의력을 키우는 열쇠예요.

디자인 일을 하다 보니 창의적인 아이디어와 관련된 책을 많이 접하게 돼요. 신기하게도 이 책들에서 공통적으로 하는 말을 찾을 수 있는데, '독특한 아이디어를 내는 능력은 타고나는 것이 아니라 훈련을 통해 길러지는 것'이라는 말이에요. 사람의 뇌는 잠재력 덩어리라, 필요한 대로 발전시킬 수 있거든요. 아이의 말랑말랑한 사고는 적절하지 않은 교육으로 말미암아 쇠퇴할 수도 있지만 반대로 효과적인 지도 아래 얼마든지 발전시킬 수도 있어요. 부모가 행동의 저변을 조금 넓히면, 아이가 놀 수 있는 영역은 훨씬 커진답니다.

대형 크로키 그리기

제가 유학을 준비하면서 가장 많이 그렸던 것은 바로 사람, 그리고 크로키입니다. 외국 예술 대학은 학생을 뽑기 위해 완성된 작품 포트폴리오뿐 아니라, 평소에 얼마나 크로키 연습을 했는지를 보기 위해 크로키 북을 같이 제출하라고 합니다. 그만큼 크로키는 스케치의 기본이라고 할 수 있죠. 잘 그린 크로키는 그 자체만으로도 멋진 작품이 됩니다.

크로키는 선으로 빠르게 사람의 형태를 그리는 것이라 표현과 크기의 제한이 별로 없습니다. 심지어 신체의 일부분만 그려도 됩니다. 그래서 아이들과 그리기 좋죠. 보고 그리는 것이 아직 어려운 나이라면 자신의 손과 발을 대고 그리면 됩니다!

◇ • 준비물 • ◇ 전지, 색연필

1 먼저 아빠(혹은 엄마)가 전지 위에 눕습니다. 아빠가 종이 밖으로 삐져나온다면 전지 두 장을 이어 붙여 주세요.

2 "아빠를 그려 줘!"라고 외칩니다.

3 아이가 아빠의 몸을 따라 그렸다면 이제 아이 차례!

4 아이가 그린 선 위에 겹쳐서 그려 주세요.

5 겹치는 부분을 골라 여러 가지 색으로 칠해요.

6 멋진 크로키가 완성되었죠?

엄빠 체력을 아껴 줄
종이컵 놀이

종이컵은 저렴하고 다칠 염려도 없는 데다가 아이들에게 무한 놀이를 제공하는 재료죠. 그래서 저도 밀키와 함께 놀려고 종이컵 3,000원어치를 샀습니다. 평범한 종이컵을 사려다가, 이왕이면 다홍치마! 색색별로 있는, 예쁜 것을 골랐어요.

놀이 방법 1 누가누가 높이 쌓나?

4살쯤 되면, 손으로 꽤 정교한 활동이 가능해집니다. 종이컵이 많다면 누가 더 높이 쌓는지를 겨루어 보세요. 아이는 종이컵 탑이 무너지는 실패의 경험을 통해 감정을 조절하는 법도 배우고, 높이 쌓았을 때의 성취감도 맛보면서 한 단계씩 성장해 갈 것입니다.

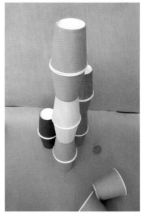

놀이 방법 2 멋진 성을 쌓아 보자!

종이컵을 보는 즉시 척척 쌓는 아이들. 종이컵 쌓기는 가장 기본적인 놀이이자, 다양한 변형이 가능한 놀이입니다. 3-4세는 아직 높은 성까지는 못 쌓기 때문에 낮은 높이에서 여러 방법으로 쌓는 것을 연습해 보는 게 좋아요. 종이컵 색상이 여러 가지라면 마음에 드는 색상끼리 조합을 하며 쌓는 것도 가능하죠.

공을 굴려 볼링도 할 수 있습니다. 처음 놀이를 할 때 밀키는 종이컵 성이 무너질 때마다 화를 냈어요. 그런데 4살이 되니 스스로 "괜찮아, 괜찮아." 하며 화를 조절하더라고요.

놀이 방법 3 종이컵이 3개밖에 없을 때

뭔가 익숙하시죠? 밀키 아빠가 밀키에게 종종 해 주는 놀이입니다. 작은 돌이나 동전을 휙휙 숨기고 어느 컵에 있는지 맞히는 놀이인데 아이가 무척 재미있어해요. 직접 숨겨 보며 아빠, 엄마에게 맞혀 보라고도 하죠. 순발력과 집중력이 쑥쑥!

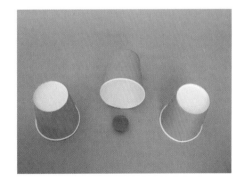

놀이 방법 4 종이컵이 달랑 2개일 때

    종이컵 전화기의 추억을 전수해 줄 때가 왔습니다. 진동의 원리로 목소리가 전달되는 이 단순한 전화기가 아이들에게는 정말 신기한 장난감이죠. 저는 이걸 할 생각을 못 했는데, 밀키 아빠가 종이컵을 보더니 "종이컵 전화기가 얼마나 재미있었는데!" 하면서 30초 만에 만들어 왔습니다. 밀키가 저녁 내내 붙들고 있었던 종이컵 전화기, 아빠 육아 결과물은 대성공이었죠.

• 준비물 •   종이컵 2개, 실, 면봉(성냥)

<u>1</u> 종이컵 바닥에 구멍을 살짝 뚫고 성냥이나 면봉 등으로 실을 종이컵 안쪽에서 고정해 주세요.

<u>2</u> 팽팽하게 당긴 채, 컵에 대고 말하면 상대방의 종이컵에 목소리가 크게 들려요.

실망하실 것 없습니다. 약간의 노력으로 즐거운 놀이를 할 수 있어요. 주변에 있는 것으로 쉽게 만들어 봅시다.

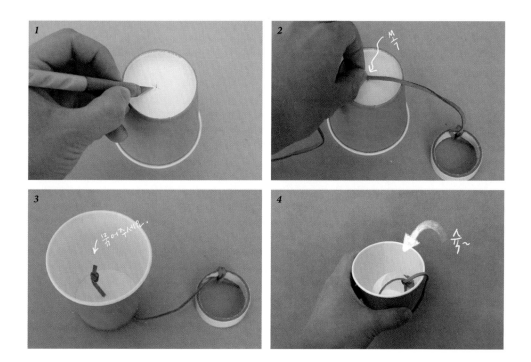

◆ 준비물 ◆ 종이컵 1개, 칼, 끈, 휴지 심이나 마스킹 테이프 심

1 십(+) 자로 종이컵 바닥에 구멍을 뚫어 줍니다.

2 끈으로 휴지 심 자른 것(저는 마스킹 테이프 심을 이용했어요.)과 종이컵을 연결해 줍니다.

3 끈이 종이컵 구멍으로 빠지지 않게 안쪽에서 단단히 묶어 줍니다.

4 컵을 한 손에 쥐고 끈에 매달린 물체를 흔들어 컵 안쪽으로 골인시키는 놀이를 시작합니다.
   밀키는 하면 할수록 성공률이 높아지더군요. 엄마, 아빠는 그저 물개 박수만 준비하시면 됩니다.

레고 축구장에서 하는
수상 축구

아이가 맨날 똑같은 레고 놀이에 질려 한다면 색다른 레고 놀이에 도전해 보세요. 저는 물에 쉽게 뜨는 가벼운 장난감이나 물건을 활용해서 밀키와 수상 미니 축구를 해요. 골대는 레고로 만듭니다. 밀키는 가벼운 장난감을 둥둥 띄웠어요. '누가 더 골을 잘 넣나' 시합을 하다 보면 손 근육도 제법 민첩하게 사용하게 되고 집중력도 높아지죠. 그냥 미니 축구가 아니라 물에서 하는 거라 아이가 더 재미있어해요.

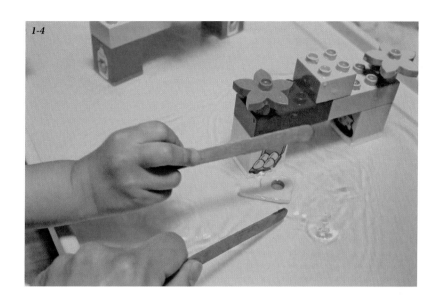

1-4

◆ 준비물 ◆ 레고, 물, 상, 나무 막대기나 젓가락, 물에 쉽게 뜨는 장난감이나 물건(스티로폼 조각, 나무 조각, 병뚜껑 등)

1 상이나 턱이 좀 높은 쟁반에 물을 약간 채워 줍니다. 쟁반이 엎어지는 참사는 언제든 발생할 수 있으니 옆에 꼭 수건을 두세요.

2 아이에게 레고로 쟁반 양옆에 둘 골대를 만들어 달라고 합니다. 혼자 만들기 어려워하면 함께 만들어 주세요.

3 물에 스티로폼 조각을 띄워 주세요.

4 나무 막대기나 젓가락을 이용해 스티로폼 조각을 요리조리 옮겨서 골인을 시켜 봅니다.

   다 하고 나서 레고를 잘 말려 주세요. 놀이를 하는 동안, 구석구석 먼지가 끼어 있던 레고도 깨끗하게 세척되었네요.

플라스틱 바다 생물

　재활용 쓰레기를 모으는 통 옆에 상자 하나를 두었어요. 플라스틱 병뚜껑만 모으는 통이죠. 생수를 사 먹는 저희 집은 100개가 모이기까지 한 달밖에 안 걸려요. 캔버스에 병뚜껑을 하나씩 붙여 밀키가 좋아하는 고래를 만들고 뚜껑 안에는 색을 칠해 보았어요. 그리고 이 작업을 하면서 밀키에게 플라스틱 쓰레기에 관한 이야기를 해 주었죠. 작은 플라스틱이 바다에 그냥 흘러들어 가면, 이 플라스틱을 먹고 많은 바다 생물들이 죽는다고요.

　환경에 무심해질수록 그 피해를 입는 것은 우리 아이들이죠. 이상 기온으로 자연재해가 더 자주 일어나고 있고, 동물들이 멸종하고 있으니까요. 함께 리사이클링 아트를 하면서 아이들에게 환경 오염에 대한 경각심을 일깨워 주세요. 친구들과 협동하여 더 큰 작품을 만들어 보게 하는 것도 좋습니다.

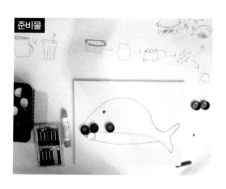

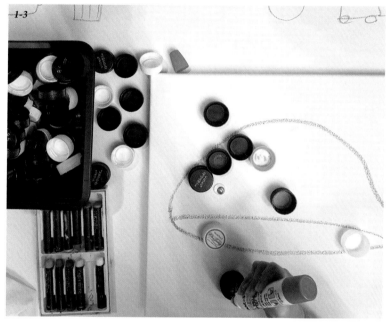

◇ 준비물 ◇ 플라스틱 병뚜껑, 캔버스, 크레파스, 어린이 물감, 목공용 풀

_1_ 아이에게 좋아하는 바닷속 생물에 대해 물어보세요.

_2_ 아이와 함께 캔버스에 좋아하는 바다 생물을 그려 보세요. 밀키의 경우 고래였어요.

_3_ 캔버스에 그린 밑그림 위로 풀을 마음껏 뿌리고, 병뚜껑 윗부분을 바닥을 향해 붙여 주세요. 그림을 빈틈없이 채우는 느낌으로요.

<u>4</u> 물감으로 뚜껑 안을 색칠해 주면 그림이 알록달록하게 변해요.
    내친김에 바다까지 표현해 봅니다. 밀키는 소매를 걷어붙이고 손으로 물감을 칠하기 시작했어요.

　　이 예쁜 바다 생물이 왜 플라스틱 때문에 죽어 가는지 그림을 그려 가며 설명해 주었어요. 우리가 아무렇게나 버린 플라스틱이 어떻게 다시 우리에게 돌아오는지도요. 밀키는 조금 충격을 받은 것 같았어요. 그렇다고 아이의 행동이 당장 변하진 않아요. 플라스틱이 뭔지 아직 잘 모르는 아이는 여전히 플라스틱 장난감이나 물건을 사 달라고 조르죠. 그러나 엄마와 아빠를 도와 분리수거를 하면서 이걸 왜 해야 하는지는 확실히 알게 된 것 같아요. 요즘 밀키는 먹던 음료수병을 바로 버리지 않고 뭔가를 만들어 보기도 하고, 뜬금없이 바다 생물이 아프니까 쓰레기를 잘 분리해서 버리라며 잔소리를 하기도 해요. 이렇게 서서히 알아 가는구나, 싶어요.

마스킹 테이프로 놀자

저는 여행을 갈 때마다 마스킹 테이프를 사 오는 습관이 있습니다. 요즘은 시중에도 예쁜 마스킹 테이프들이 많이 나와 있어서 쉽게 구할 수 있죠. 저처럼 예뻐서 한두 개 사 모으기 시작했는데 정작 쓸데가 없어 고민이시라면 아이와의 놀이에 이용해 보세요. 저는 매트 위에 마스킹 테이프로 사방치기 바탕을 만들어 밀키와 놀곤 합니다.

밀키가 36개월 즈음 이 놀이를 처음 시작하여 참 자주 했어요. 그런데 당시 밀키는 한 발로 서기는 해도 한 발로 뛰기는 잘 못하더라고요. 두 발로 강시처럼 열심히 뛰면서 점점 더 어려운 과제(멀리 있는 숫자 칸으로 뛰기)를 성공하더니 그 이후에는 땀을 뻘뻘 흘리며 30분, 1시간을 놀곤 했습니다.

5살 무렵이 되니 두 발로 펄쩍펄쩍 뛰며 날아다니더군요. 아이는 스스로 규칙을 만들며 바닥의 마스킹 테이프가 너덜너덜해질 때까지 뛰었죠. 그러고는 제게 다음에 또 하자는 약속을 받아 내었어요.

◆ 준비물 ◆ 마스킹 테이프, 가위

1 매트에 마스킹 테이프로 선을 그려 줍니다. 쓱쓱 적당히 그려 주시면 됩니다.

2 하는 김에 숫자도 만들어 줍니다. 테이프를 자르는 것도 놀이라고 우기며 아이를 시켜 보세요.

3 작은 장난감이나 돌을 말판 삼아 사방치기 놀이 시작! 때마침 퇴근하는 아빠도 참여하게 하세요.

137

3

한 번 더?
아트놀이 확장 편!

그림책을 읽는 동안 자라난 상상력과 통찰력은
앞으로 아이가 세상을 살아가는 데 큰 힘이 되어 줄 것입니다.

01

그림책아 놀자

그림책을 고르는 기준

저는 그림을 업으로 삼은 사람이다 보니 아이를 낳기 전부터 그림책에 관심이 많았어요. 그리고 육아를 하며 그림책의 세계를 좀 더 깊고 폭넓게 알아 가는 중이죠. 저는 밀키가 읽을 그림책을 고를 때에도 제가 직접 한 권 한 권 읽으며 그림과 내용, 완성도를 꼼꼼히 따져 본답니다.

그런데 세상에 좋은 그림책이 어찌나 많은지요. 그중엔 누구나 한번쯤 들어 봤을 법한 상을 받은 것도 수두룩하죠. 하지만 유명한 상을 받았다고 해서, 혹은 수려한 그림이 가득 들어 있다고 해서 아이들이 모두 그 책을 좋아하는 것은 아니더라고요. 수많은 그림책을 골라 보고 시행착오를 거치면서 아이에게 적합한 그림책을 고르는 제 나름의 '보는 눈'과 '기준'이 생겼습니다.

저는 그림책을 고를 때 다음의 세 가지를 주의 깊게 봅니다.

1. 아이의 현재 관심사가 포함되어 있는가?

2. 다양한 문화권의 이야기와 가치를 담고 있는가?

3. 글과 그림이 서로 조화를 이루면서 맺음이 완성도가 있는가?

그리고 권선징악의 내용을 담으려고 선과 악을 억지로 가르는 내용보다, 되도록 다양한 해석의 여지가 있는 내용의 책을 고르려고 해요.

날씨가 좋은 날에는 아이와 함께 도서관이나 그림책 카페를 찾아 나들이를 떠나 보세요. 그리고 날씨가 궂은 날에는 그간 소홀히 했던 그림책들만 꺼내 아이와 함께 읽어 보세요. 물론 아이가 원한다면 어제도 그제도 읽었던 책을 다시 꺼내도 좋습니다. 이렇게 그림책을 읽는 동안 자라난 상상력과 통찰력은 앞으로 아이가 세상을 살아가는 데 큰 힘이 되어 줄 것입니다.

그림책 잘 읽어 주는 세 가지 팁

다 같은 방식으로 그림책을 읽어 주는 것 같아도, 그림책을 재미있게 읽어 주는 사람의 방식은 그렇지 않은 사람의 그것과 미묘하게 달라요. 아직 말을 잘 알아듣지 못하는 어린아이는 그림책의 문장을 그대로 읽어 주면 흥미를 잃기 쉬워요. 아이가 느끼기에 모르는 말투성이니까요. 어른이 문장을 다 읽는 동안, 아이는 이미 그림으로 상황을 파악하고 빨리 다음 장으로 넘어가고 싶을 뿐이에요. 이러한 아이의 특성을 알면 좀 더 재미있게 그림책을 읽어 줄 수 있죠.

저는 수년간 스토리를 그림으로 그려 온 덕에 아이와 그림책을 즐겁게 읽는 법과 그렇지 않은 법의 차이를 발견할 수 있었어요. 아이와 그림책을 즐겁게 읽는 팁은 다음과 같아요.

👩 아이가 이해하기 쉬운 언어로 읽어 주기

글을 읽을 줄 모르는 아이에게는 문장을 그대로 읽어 주지 말고, 그림의 상황을 아이가 이해하기 쉬운 언어로 설명해 주세요. 교과서를 읽는 듯한 딱딱한 어투가 아니라 일상에서 쓰는 단어와 억양으로요.

인물에게 생동감을 부여해 주면 더 좋아요. 가령 에릭 칼의 『배고픈 애벌레』를 읽을 때라면 "애벌레는 배가 고팠어요."라는 문장을 그대로 읽기보다, "애벌레가 그랬어, 아이구 배고파! 뭐라도 먹어야겠어!"라고 읽는 거죠.

"애벌레는 배가 고팠어요."라는 문장도 이렇게.

애벌레가 그랬어. "아이구 배고파! 뭐라도 먹어야겠어!"

책에 나온 말의 의미를 길게 설명하지 않기

아이에게 그림책을 읽어 주다 보면 가끔 아이가 내용을 제대로 이해하고 있는지 궁금해질 때가 있어요. 아무래도 아직은 아는 말보다 모르는 말이 더 많은 나이이기 때문에 아이가 그림책의 내용을 전부 이해하기란 어려워요. 그렇다고 해서 책에 나온 단어의 의미를 너무 길게 설명하시면 안 됩니다. 이러한 행동은 오히려 아이의 집중도를 떨어뜨릴 수 있어요.

"신데렐라는 재를 뒤집어쓰다라는 뜻인데 항상 부엌 아궁이 옆에서……. 여기서 재는 말이지……. 아궁이가 뭐냐면 옛날에……."

아이는 동공 지진을 일으키다 급격히 흥미를 잃고 산만해집니다. 이야기 전개에 큰 지장이 없다면 아이들에게 너무 낯설고 어려운 단어들은 생략하거나 아이가 알아들을 수 있는 단어로 재빨리 바꿔 주세요.

"재투성이라서 신데렐라로 불리게 된 엘라는 부엌 아궁이 곁에서"

여기서 '재'는 말이지, 아궁이에서 아참. 아궁이는…

?

안물 안궁

그림책을 읽는 내내 아이가 흥미를 느끼고 있는지 확인하세요. 그림을 보고 상황을 유추해 보도록 질문을 던지고 대답을 유도하면 좋아요. 함께 읽고 있다는 느낌을 주니까요. 그리고 책에 나온 그림과 문장 이상의 것을 말해 주세요. 이 방식은 특히 글이 없는 그림책을 읽어 줄 때 빛을 발한답니다.

['임신한 여우가 안식처를 찾아 헤매는 장면'의 경우]

엄마: 여우 배가 좀 볼록하네. 뭐가 들어 있을까?

밀키: 여우 아기!

엄마: 맞아. 배는 무겁고 날씨는 엄청 추워. 엄마 여우의 기분이 어떨까?

밀키: 슬퍼.

엄마: 응, 슬프고 불안해. 아기는 따뜻한 데서 낳아야 하거든.

밀키: 왜?

엄마: 아기는 작고 약해서 추우면 아플 수 있거든.

밀키: 그렇구나.

엄마: 그럼 다음 장을 볼까?

이 방식을 이용하여 그림책을 읽어 주면 아직 직간접적인 경험이 많지 않은 아이들에게 재미뿐만 아니라 이야기와 관련된 많은 정보를 줄 수 있습니다. 답을 하는 과정에서 이야기 속 상황을 이해하게 되고 추상적인 감정에 대해서도 하나둘 배워 가죠.

이렇게 읽어 주는 것이 한글 공부에 도움이 되지 않을 것 같다는 불안감은 버리세요. 한글에 흥미가 생기고 글자를 조금씩 읽을 무렵에는 아이 스스로가 그림책 속 낯선 단어에 대해 질문을 할 테니까요.

그림자 연극 놀이

밀키베이비 아트클래스에서는 그림책을 이용한 놀이를 즐겨 해요. 책 속의 인물이 되어 놀면서 여러 인물의 감정을 이해할 수도 있고, 상황을 상상하며 문제 해결 방법을 다양하게 생각해 볼 수도 있죠.

그동안 가장 큰 호응을 얻었던 것은 그림책『누가 내 머리에 똥 쌌어?』(베르너 홀츠바르트 글 · 볼프 에를브루흐 그림)를 이용한 아트놀이에요. 결말을 다르게 생각해 볼 여지가 있는 책이죠. 저는 등장인물들을 막대 인형으로 만들어 아이들과 역할극을 해 봤어요. 똥이 머리에 묻은 피해자 '두더지'의 입장도 되어 보고, 의도하진 않았지만 두더지 머리에 똥을 싼 가해자 '한스'도 되어 보았죠. 그리고 책의 결말대로 두더지가 한스에게 복수를 했을 때 통쾌함을 느꼈는지 아이들에게 물어보았어요. 두더지가 기분 좋게 웃으며 땅속으로 사라진 그림책의 내용과는 달리, 두더지가 되어 본 몇몇 아이들은 침울한 얼굴로 고개를 저었어요. "한스도 기분이 나쁠 것 같아요."라고 대답한 아이들에게는 "그럼 두더지가 어떻게 하면 좋았을까?"라고 열린 질문을 해 보았습니다.

◇ 준비물 ◇ 검은색 도화지 혹은 펠트지, 테이프, 가위, 펀칭기, 빨대, 하얀색 색연필

1. 하얀색 색연필로 도화지에 그림책의 인물들을 따라 그립니다. 주인공인 두더지와 개, 한스, 그리고 아이는 꼭 그려 주세요. 나머지 등장인물들은 그리고 싶은 만큼 그려 줍니다.

2. 등장인물들을 가위로 오리고 눈 부분을 뚫어 줍니다. 오려낸 인물의 뒷면에 테이프로 빨대를 붙여 줄게요.

3. 핸드폰 조명이든, 플래시도 좋아요. 불을 끄고 아이와 신나게 그림자 인형극을 해 보세요.

고작 4-5세의 아이들이 진지한 태도로 질문의 답을 찾으려고 하고, 친구들의 말에 귀를 기울여요. 아이들에게 친숙한 그림책을 통해 상황을 다양한 각도에서 바라보는 시간을 가져 보시길 추천합니다.

솔방울 트리 만들기

『커다란 크리스마스 트리가 있었는데』(로버트 배리 글·그림)라는 그림책이 있어요. 길고 긴 트리를 조금씩 자르기를 반복해서, 크리스마스에 모두가 트리를 나눠 갖는다는 따뜻한 내용이죠. 크리스마스 즈음, 밀키베이비 아트클래스에서 아이들과 그림책을 함께 읽고 길쭉한 트리를 만들어 보았는데 아이들이 매우 즐거워하더라고요. 그림책을 읽고 밀키와 어떤 놀이를 해 볼까 궁리하다가 마침 집에 거대한 솔방울이 있기에 솔방울 트리를 함께 만들어 보기로 했어요. 작은 솔방울 여러 개를 꾸며서 미니 화분이나 달걀판에 꽂아 두거나, 솔방울들을 탑처럼 쌓아 접착제로 고정한 뒤 장식해도 예쁩니다. 준비된 재료와 상황을 고려하여 다양한 방식으로 응용해 보세요.

준비물

1-3

4

5

◆ 준비물 ◆ 솔방울, 반짝이 풀, 폼폼, 목공용 풀이나 글루 건, 모루 끈, 색지, 리본, 나무 받침대

1   나무 받침대에 목공용 풀을 바르고, 이끼를 얹어 주세요.

2   이끼 위에 다시 목공용 풀을 충분히 뿌려 주고, 솔방울을 올려 주세요.

3   솔방울 위에 풀을 발라 폼폼을 올려 주세요.

4   반짝이 풀을 겹겹이 짜 주면 눈이 쌓인 듯한 표현을 할 수 있어요.

5   모루 끈으로 별 모양을 만들어 트리 가장 윗부분에 목공용 풀로 고정시켜 줬어요.

　　예전에는 거대한 크리스마스트리를 사 놓고 방치해 뒀었는데, 직접 만든 작은 트리로 대체하니 자리도 적게 차지하고 크리스마스 분위기도 낼 수 있어 좋더라고요. 이번 크리스마스에 한번 시도해 보세요!

녹두 아이스크림 만들기

대만에서 녹두에 관한 그림책을 사 왔어요. 『媽媽買綠豆!』란 책입니다. 내용은 단순해요. 엄마와 아이가 녹두를 사 와서 녹두죽을 함께 끓여 먹은 다음, 남은 녹두로 아이스크림을 만들어 먹는다는 내용이죠. 그림책을 읽은 후 "꼭! 꼭! 나도 해 보고 싶어!"라는 밀키의 요청에 녹두를 사 왔어요. 나중에 알게 된 사실이지만, 녹두는 해독 효과가 크다고 해요. 몸에도 좋고 만들기도 즐거운 녹두 아이스크림! 놀이를 하면서 책에 대한 애정도 깊어졌어요.

『媽媽買綠豆!』, 曾陽晴, 信誼基金出版社, 2008.

150

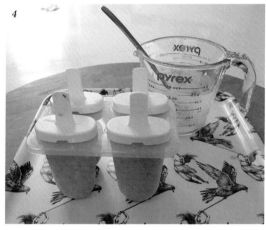

◈ 준비물 ◈ 녹두, 설탕, 우유, 아이스크림 틀, 믹서기

1 녹두를 깨끗하게 씻습니다. 작은 그릇에 따로 담아 주면 아이도 재미있게 놀 수 있어요. 씻은 녹두를 물에 2시간 정도 불립니다.

2 녹두가 부스러질 정도로 삶습니다. 30-40분 정도 걸려요.

3 설탕과 우유를 섞고 믹서기로 갈아 줍니다.

4 아이스크림 틀에 담아 얼리면 끝

즐거운 쿠키 만들기

『즐거운 빵 만들기』(간자와 도시코 글 · 하야시 아키코 그림)라는 책이 있어요. 어린이를 위한 그림 책이지만 빵 만드는 과정이 상세하게 그려져 있어요. 밀키가 그림책을 보며 따라 해 보고 싶어 하 기에 함께 빵 대신 쿠키를 만들어 보았어요.

쿠키 믹스를 체로 치고 반죽해서 숙성시킨 후 계란 물을 바르고 굽기까지 모든 과정을 저는 밀 키와 함께합니다. 3-4세에는 서투르고 실수도 많았지만, 그 과정을 거친 덕분인지 5세 이후 밀키 는 달걀도 혼자 깨고 버터와 이스트를 넣어 반죽도 척척 해내는 수준이 되었답니다.

이제 갓 구워진 쿠키를 예쁜 접시에 담아내고 밀키와 티타임을 즐길 시간입니다. 인형 친구들 몇몇을 초대해도 좋겠죠?

211쪽에 '잘라서 쓰는 놀이 카드'가 있습니다.

・준비물・ 박력분 밀가루 두 컵, 버터 반 컵, 베이킹파우더, 계란 한 개, 바닐라 엑스트랙트, 설탕 반 컵, 초콜릿 칩,
모양 틀

1 쿠키 재료를 잘 섞어서 반죽을 만듭니다. 계란 물은 조금만 따로 남겨 두세요.

2 반죽은 1시간 정도 냉장고에 두었다가 꺼내 주세요.

3 모양 틀로 아이와 함께 쿠키 모양을 자유롭게 만들어 주세요.

4 따로 남겨 두었던 계란 물을 붓이나 숟가락으로 쿠키 표면에 발라 줍니다.

5 180℃로 예열한 오븐에 20분간 구워 줍니다.

　　바삭한 초코 쿠키 완성! 간단하게 만들 수 있는 믹스들이 많으니, 날이 선선해지면 같이 만들어
보세요. 시판 믹스는 아빠도 쉽게 따라 할 수 있답니다.

미술관이라는 곳이
아이들에게 친근한 공간이 되면 좋겠어요.

02
/
미술관은
아트놀이터

미술관에서 노는 아이

문화생활을 가장 많이 하는 세대는 20대이고, 문화 빈곤층은 30대라고 해요. 돈이 있더라도 시간이 없어 문화생활을 하기 어려운 30대. 육아를 하면 더욱 문화생활의 문턱을 넘기가 힘들어지죠.

육아를 시작한 후 문화적인 굶주림을 참지 못한 저는 아기 띠를 하고 미술관과 전시회를 다니기 시작했어요. 그리고 고민에 빠졌죠. 아이가 마음껏 만지고 놀 수 있도록 구성한 전시회가 가장 좋지만 그런 전시회만 찾아다닐 수는 없는 노릇이고, 아이가 아트클래스를 듣기에도 너무 어리다면 부모와 아이는 어떻게 해야 하는 걸까요?

처음에는 저도 전시회에 갈 때마다 '미디어 아트 전시라고? 아이가 재미없어하면 어떡하지?', '명화가 잔뜩 걸려 있다고? 아이의 수준에 맞지 않는 전시회에 아이를 억지로 끌고 가는 건 아닐까?' 하는 죄책감이 들었어요. 이 죄책감을 떨칠 수 있었던 것은 밀키 덕분이에요. 밀키에게는 미술 작품이 이해하기 쉽든 어렵든, 유명하든 아니든 중요하지 않았어요. 아이는 제가 지식에 빠져 보지 못한 부분을 작품 속에서 발견하곤 했죠.

저는 전시회를 다녀오면 아이에게 물어봐요. 어떤 작품이 제일 기억에 남는지, 이번 전시회에서는 무엇이 좋았는지 말이에요. 저 스스로에게도 물어보고요. 아이의 대답에 등장하는 작품은 전시회의 대표 작품이 아닐 때가 많아요. 아이는 특정 작가나 작품에 대해서 거의 알지 못하는 만큼 편견도 없죠. 어떤 예술 작품이 좋은 작품일까요? 아이와 전시회에 다니며 저는 많은 이들이 최고의 작품으로 내세우는 작품이 아니라 지금 내 상황을 대입할 수 있는 작품, 내 마음에 와닿는 작품이 나에게 제일 좋은 작품이라고 생각하게 되었어요. 거창한 목적 대신 그런 마음가짐을 가지고 아이와 함께 미술관에 가 보세요. 더 넓어진 시야로 작품을 만날 수 있답니다.

아이와 부모 모두 전시를 즐기기 위한 팁

뉴욕 휘트니 미술관에는 '유모차 투어'가 있어요. 어릴 때부터 미술관 관람을 자연스럽게 시작하고 있는 거죠. 한국에서 유모차 투어 대신 '아기 띠 투어'를 시작한 저는 몇 년간 경험을 통해 아이와 전시를 즐기는 제 나름의 방법을 터득했습니다.

가기 전에 전시의 주제를 살피고 작품을 눈에 익히기

어느 날 오르세 미술관전 팸플릿을 뒤적이던 밀키가 밀레의 그림 「이삭 줍기」를 보면서 "이 아줌마, 허리 아파."라고 말하더군요. 저는 "왜 허리가 아플까? 뭘 하고 있는 걸까?"라고 물어봤어요. 그랬더니 밀키는 "음, 인사하고 있어."라고 대답했죠.

「이삭 줍기」는 수확이 끝난 밭에 떨어진 밀알 한 톨이라도 주워야 하는 가난한 농민의 삶을 적나라하게 그린 그림이죠. 인사하는 것이 소위 '정답'은 아닐지라도, 그들이 평소 밭의 주인에게 허리를 굽혀 인사해야 하는 입장이었음을, 그리고 그러한 그들의 삶이 매우 힘들

고 고달팠음을 아이가 어렴풋이 느낀 게 아닐까 생각했죠. 아전인수 격일지 모르지만 아이의 대답에 의미가 있다고 생각했어요.

그 후 미술관이 아닌 곳에서 우연히 이 그림을 보게 되었는데, 밀키가 "앗, 저거!" 하면서 알은척을 했어요. 아마도 자신만의 해석을 담아 기억한 이 그림이 아이의 뇌리에 오래 남았던가 봐요.

전시회에 가기 전에 아이와 관련 작품을 함께 보며 많은 이야기를 나누고 가세요. 그러면 아이도 낯설지 않고 유익한 시간을 보낼 수 있을 거예요.

🙎 작품 따라 하며 적극적으로 전시회 즐기기

린다 매카트니 사진전에 갔을 때, 목장에서 폴 매카트니가 아들과 함께 팔을 쭉 펴고 있는 사진을 보게 되었어요. 마침 아빠에게 안겨 있던 밀키가 팔을 쭉 펴더군요. 아빠도 밀키를 따라 팔을 쭉 폈습니다. 헤헤헤 웃는 부녀는 잠시 사진 속 목장에 있는 듯했죠. 밀키가 아직 말을 잘하

지 못할 때였지만, 그 순간을 무척 즐기고 있음을 느낄 수 있었어요.

앤서니 브라운전에 갔을 때도 밀키는 벽면에 그려진 고릴라의 행동과 표정을 따라 하며 전시를 자기만의 방법으로 즐겼어요.

아이들은 보이는 것 그대로 받아들이는 능력이 뛰어나죠. 명화 앞에서도 주눅 들지 않고 자유롭게 따라 해 보며 깔깔대는 것, 어른에게는 조금 용기가 필요한 행동일지 모르나 아이를 동반한 어른에게는 면죄부가 있으니 한번 시도해 보세요.

🙍 관람과 휴식 시간을 적절히 배분하기

런던의 내셔널 갤러리에서는 어린아이들이 미술관 바닥에 자유롭게 앉아 그림을 그리고 있는 광경을 볼 수 있어요. 다른 관람객에게 조금 방해가 될 수도 있지만 어느 누구 하나 이 어린 예술가들에게 뭐라 하지 않죠. 이들은 진지하게 명화와 자신의 그림을 번갈아 보며 무언가를 끄적이는데, 저는 그 장면이 참 좋아 보였어요.

영국이나 프랑스, 핀란드, 미국 등의 여행에서 들른 박물관, 미술관에서는 부모와 아이가 함께 작품을 관람하는 모습을 많이 볼 수 있었어요. 자유롭게 관람해도 되는 어린이 대상 미술관에서와는 달리, 부모와 함께 보는 공공 전시에서 아이는 전시를 보는 매너도 배우게 되지요. 그런데 조용히 해야 하고 작품을 만지지 말아야 한다는 지적을 받을 수밖에 없는 공간의 특성상 아이의 마음이 조금 경직될 수 있어요. 그렇기 때문에 관람 중간중간 휴게 장소에서 아이의 긴장을 풀어 주는 것도 중요한 팁 중 하나랍니다.

편견 버리기

여러 전시회를 다니면서 아이에게 중
요한 것은 작품 관람 그 자체가 아니라
는 것을 깨달았어요. 중요한 포인트는
아이가 자신의 생각을 표현하는 훈련
을 하는 데 있어요. 우연히 밀키와 들어
가 본 민화 전시에서 깨달은 것이에요.

아이는 민화를 주의 깊게 살피더니
자신에게 익숙한 물건들을 찾아냈습니다. 복숭아, 개구리, 닭, 책, 붓, 심지어 숨어 있
는 안경과 어린아이까지 찾아낸 후, 자신의 생각을 담아 그림의 내용을 설명해 주었
습니다. "개구리가 닭을 무서워해!", "저 수박 먹고 싶다."와 같이 단순한 문장이었지
만 아이가 그림을 감상한 후 그것을 자기식으로 표현하는 것을 보고 신선한 충격을
받았어요.

그 후로 저는 전시회에 가면 그림에 대해 설명하지 않고 "이건 무엇인 것 같아? 어
때 보여? 왜 이게 여기 있을까?" 등 열린 질문을 통해 아이의 생각을 물어봐요. 아이는
자기 깜냥만큼의 이야기를 하는데 늘 그 대답들은 신선해요. 그리고 자신의 생각과
의견을 존중받으면서 아이는 자신감이 생기죠.

미술관이라는 곳이 아이들에게 친근한 공간이 되면 좋겠어요. 아이가 엄마 손을 잡
고 나들이를 갔다가 뭔가 재미있는 걸 봤다는 기억을 갖는 것만으로도 저는 충분하다
고 생각해요. 혹시 아나요. 이때의 기억과 느낌이 자양분이 되어 우리 아이들이 어른
이 되었을 때 예술적으로 풍요로운 일상을 살아가게 될지요.

꼬마 클림트 되기

구스타프 클림트

　저는 구스타프 클림트의 작품을 참 좋아해요. 저희 집 거실에 걸려 있는 「여성의 세 시기」라는 작품은 여성이 태어나고 노년에 이르기까지 겪는 과정이 한 장면에 담겨 있어 많은 생각을 하게 한답니다. 클림트 작품에서 볼 수 있는 몽환적이고 화려한 색감들은 머릿속에서 쉬이 잊히지 않지요.

　클림트는 그림을 그릴 때 물감뿐 아니라 금박, 은박, 자개, 보석 등 화려함을 줄 수 있는 재료를 많이 썼어요. 여러 가지 재료를 섞어 작품을 돋보이게 한 클림트의 아이디어를 우리 아이들에게도 소개하고 싶어서 간단한 아트놀이를 만들었어요. 꼬불꼬불 나무도 그려 보고 반짝반짝한 느낌도 표현해 보는, 재미있는 꼬마 클림트 되기!

209쪽에 '잘라서 쓰는 놀이 카드'가 있습니다.

◇ 준비물 ◇ 부모와 아이가 안고 있는 사진이나 그림 한 장, 미니 모자이크 타일, 점토, 도화지, 반짝이 풀(금색)

1 밀키와 제가 꼭 껴안고 있는 그림 한 장을 준비했어요. 그림을 도화지에 붙이고 점토로 치마 부분을 채워요.

2 타일을 점토 위에 꾹꾹 눌러 붙입니다.

3 빈 부분에 구불구불한 나무를 그립니다. 아이가 채색을 다 하기는 어려우니 금색이 들어간 반짝이 풀이나 물감을 나무에 찍어 보게 하세요. 포장 완충재나 동그랗게 만 휴지로 물감을 콕콕 찍으면서 금색 나뭇잎을 표현해 보게 하면 좋습니다.

많이 알고 계시는 것처럼 클림트는 노란색, 갈색, 금색, 빨간색 같은 따뜻한 색을 많이 썼어요. 그래서 타일도 그런 색 위주로 뜯어 주면서 밀키에게 붙이게 했죠.

이 놀이를 통해 우리 아이들에게 클림트에 대해 알려 주세요.

컷아웃 모빌 만들기

앙리 마티스

앙리 마티스는 노년에 투병 생활을 하면서 새로운 형식의 작품을 시작했어요. 조수에게 종이에 색을 칠하게 하고, 그 종이를 오려서 만든 컷아웃^{cut-out} 작품이 바로 그것이죠. 「푸른 누드^{Blue Nude}」를 비롯해 유명한 컷아웃 작품들이 많아요. 저는 마티스 작품을 볼 때마다 아이들이 하는 종이 오리기 놀이가 떠올라요. 조화로운 색, 대비되는 색을 겹쳐 보기도 하고, 오리고 남은 종이로 다시 작품을 만들기도 하는 모습이요.

대만 여행 중에 밀키와 함께 고른 그림책이 하나 있어요. 바로 마티스의 유년 시절을 담은 그림

책이에요. 마티스의 어머니는 아마추어 화가였는데, 어린 마티스가 어머니의 물감을 가져다가 색을 섞어 보며 장난치는 장면이 나와요. 어머니가 직접 짠 천에 새겨진 패턴에 둘러싸여 지낸 기억들, 그리고 어머니가 고른 과일과 화병을 보며 자란 기억들이 고스란히 마티스의 작품에 담겨 있음을 알 수 있었죠. 그 책을 보면 어린 시절의 경험이 일생에 영향을 끼칠 만큼 중요하다는 것을 알 수 있어요.

이제 우리 아이들도 색채의 거장과 한바탕 놀아 볼까요? 오늘의 경험이 아이의 기억 속에 깊숙이 박히도록 신나게 말이에요!

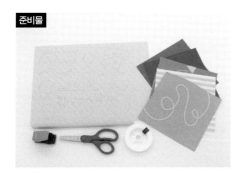

◆ 준비물 ◆ 색종이, 가위, 풀, 낚싯줄, 펀칭기

_1_ 도안(203쪽)에 직접 색을 칠해 주세요.

_2_ 도안을 색종이에 대고 모양대로 잘라도 됩니다. 열매, 나뭇잎 등 연상되는 것에 대해 이야기도 나눕니다.

_3_ 펀칭기로 구멍을 뚫어 주세요. 아이들은 이 부분을 가장 좋아합니다.

_4_ 수수깡에 낚싯줄을 이용해 달아 주세요. 예쁜 마티스 스타일 모빌 완성입니다.

풍성한 화관 만들기

프리다 칼로

　대체로 여자아이들은 네 살 정도가 되면 외모를 꾸미는 데 관심을 갖기 시작하면서 예쁜 장식을 좋아해요. 저는 화관을 보면 멕시코의 화가 프리다 칼로가 떠올라요. 그녀의 그림만큼이나 화려한 색채의 화관은 프리다 칼로를 대표하는 패션 아이템으로 여겨지죠.

　화관은 티슈페이퍼를 이용해 만들 거예요. 아이의 머리가 작기 때문에 꽃은 3-4개면 충분해요. 꽃을 아이 머리띠에 달면 끝! 4세 이상의 여자아이들이 하기에 딱 좋은 놀이입니다.

준비물 티슈페이퍼, 가위, 머리띠, 빵 끈

_1_ A4 용지 크기의 티슈페이퍼를 ⅓로 자르세요. 그게 꽃 한 송이가 될 거예요.

_2_ 자른 종이를 8등분으로 접으세요.

_3_ 꽃에 다른 색을 더하고 싶다면 다른 색의 종이를 _2_와 겹쳐서 가운데를 빵 끈으로 단단히 묶어 주세요.

_4_ 가위로 끝을 둥글게 잘라 주세요.

_5_ 자른 것을 한 장 한 장 아이와 펴 보세요. 예쁜 꽃이 완성되었죠?

_6_ 만든 꽃을 머리띠에 달아 주세요.

• 머리띠가 없다면 끈에 매달아 내추럴한 느낌의 화관도 만들 수 있어요.

_7_ 꽃의 수만큼 _1-5_의 과정을 반복하면 됩니다.

여행 과정에서 아이는
아이다운 시각으로 세상을 배우게 되고,
아이의 경험은 더욱 풍부해지죠.

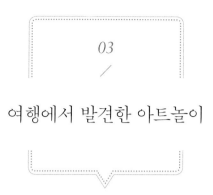

03
/

여행에서 발견한 아트놀이

아이와 떠나는 여행

저는 여행하는 것을 좋아합니다. 여행에서의 새로운 경험들은 세상이 얼마나 넓은지 끊임없이 일깨워 주죠. 엄마가 되고 나서는 그런 순간마다 제 옆에 아이가 있다는 것이 참 좋더라고요. 아이에게 더 큰 세상을 보여 주고 싶은 마음은 다들 같으시죠?

아이를 낳은 후 여행 목적은 확연히 달라졌어요. 아이를 낳기 전 여행의 목적이 '세상 탐험'이었다면 아이를 낳은 후에는 '아이와 함께 즐거운 경험하기'가 되었지요. 여행 일정이나 코스도 변했죠. 아이의 놀이 욕구를 채워 주는 장소를 여행 일정 중간중간 배치하고, 식당과 볼거리, 숙소도 아이에게 맞추고요. 자극적이고 매콤한 메뉴도 패스하고, 번쩍거리고 멋진 인테리어를 자랑하는 공간도 패스! 그 대신 어린아이가 돌아다니기 좋고 위생적이며 가족 친화적인 서비스를 제공하는 곳으로 향해요.

그동안의 다양한 여행 경험이 여행 일정을 짤 때 큰 도움이 되었어요. 아이가 여행 일정을 짤 수는 없으니, 아이는 아무래도 부모의 취향과 관심사가 반영된 여행에 동행하게 되죠. 즉 부모가 여행에서 뭘 배우고, 뭘 보고 싶은지에 따라 아이가 보고, 듣고, 경험하는 것이 달라지는 거예요. 저는 여행을 통해 제 작품에 깊이를 더해 줄 '영감'을 얻고자 하는 열망이 있어요. 디자인 숍, 미술관, 아트 전시장에는 꼭 들러 아름다운 작품을 구경하려고 하죠. 그리고 평소 해 보지 않은 체험을 한두 가지 추가해요. 예를 들면 태국 북부의 음식을 직접 만들어 보고, 대만 사람들이 추천하는 그림책을 사 보고, 영국인 가족과 차를 마셔 보는 것처럼요.

여행 중에 아이와 함께 다양한 문화 체험을 하다 보면 '이게 바로 아트놀이구나.' 하는 생각이 들어요. 한국에서 쉽게 접하기 어려운 주제와 재료로 하는, 조금은 특별한 아트놀이 말이에요. 이 과정에서 아이는 아이다운 시각으로 세상을 배우게 되고, 아이의 경험은 더욱 풍부해지죠. 여행이 끝날 즈음 아이가 훌쩍 큰 것처럼 보이는 이유도 이 때문이 아닐까 싶어요.

다른 나라 엄마들은 아트놀이를 어떻게 할까?

아트놀이 재료를 주문하다 보면 놀랄 만큼 커다란 택배 박스가 배달이 오고, 퇴근길에 밀키가 재미있어 할 만한 아트놀이를 고민하는 저를 돌아보면 가끔은 내가 극성인가 싶어요. 그러나 SNS의 수많은 아트놀이를 보고 있으면, 나만 이렇게 아이의 놀이를 궁리하는 게 아니구나 싶습니다. 아이와 아트놀이를 하는 시간을 즐기는 부모님들이 전세계적으로 이렇게 많다는 사실에 놀라는 동시에, 서로 방법을 공유하는 모습을 보며 고마움과 유대감을 느낄 때도 종종 있어요.

온·오프라인으로 저와 인연이 닿은 해외의 엄마들이 있어요. 각기 다른 연령의 아이들을 키우고, 언어와 환경이 제각각이지만 아이들과 아트놀이를 즐겨 하고 SNS에 공유하는 것만큼은 확실한 공통점이 있죠. 이들에게 아이들과 어떤 Art & Craft 놀이를 하는지? 질문을 던져 봤어요.

Grace(말레이시아) | 두 딸의 엄마 / IT 업계 회사원

평소 딸들과 아트놀이를 즐기는 그레이스. 저는 그레이스를 태국 관광청이 주최한 글로벌 여행 프로젝트에서 만났어요. 딸을 키우는 엄마이고, IT 업계에서 일한다는 공통점 덕분에 금방 친해졌죠. 함께 태국 북부를 여행하며 말레이시아의 정치·경제적 상황이나 그곳 엄마들의 교육관과 생활상에 대해 들을 수 있었답니다.

그레이스는 워킹 맘이지만, 바쁜 중에도 아이들과 '양질의 시간'을 보내려고 노력하는 엄마예요. 그레이스의 두 딸은 요즘 영어로 시간을 표현하는 법을 배우는데, 직접 시계를 만들어 공부하고 있다고 해요.

Monthi(인도네시아) | 딸 하나를 키우는 엄마 / 아트 프리랜서

몬티는 저와 SNS로만 연락을 주고받던 사이였어요. 그런데 얼마 전 한국 여행을 온 김에 딸과 함께 밀키베이비 아트 클래스에 참여했죠. 평소 미술 교육에 관심이 많은 그녀는 인도네시아 현지에서도 외국인들을 위한 아트클래스를 종종 연다고 해요.

딸(6세)과 그녀가 가장 좋아하는 아트놀이는 바로 데쿠파주입니다. 앞서 보신 '컵 데쿠파주'와 같은 놀이를 즐겨 한다고 하네요. 과정은 간단하지만 예쁜 결과물이 나오니, 여러분도 한번 도전해 보세요.

Emy(일본) | 장성한 아들과 딸의 엄마 / 유치원 교사

에미는 제가 SNS를 시작할 때부터 제 그림을 응원해 주고 지금까지도 연락을 주고받는 사이에요. 일본의 전통 놀이가 궁금하다고 하자, 몇 가지 흥미로운 놀이들을 알려 주었어요.

일본에서는 새해의 복을 기원하며 나무를 장식한다고 해요. '미즈키 카자리 みず木飾り'라는 이 전통 놀이는 정월 대보름경, 층층나무에 화려한 종이 장식을 거는 놀이죠. 색색의 경단(떡)을 나뭇가지에 꽂아 과일이 주렁주렁 열리는 것같이 꾸미고 풍년을 기원한다고 해요. 유치원에서는 선생님들이 경단을 삶아 주면 아이들이 신나게 나뭇가지에 꽂는다고 하네요.

여행 중 '아이의 끼적임'을 도와주는 도구들

저의 여행에는 세 가지 '기'가 있답니다.

기다림, 기대, 그리고 기록.

여행을 떠나기 전 저는 밀키에게 항상 다짐을 받아요.

"이번 여행 중에도 기다리는 순간이 많을 거야. 잘 기다릴 수 있어?"

밀키는 여행의 기대감으로 들떠서 항상 신나게 "응!" 하고 대답해요. 하지만 무언가를 기다린다는 것이 아이에게 쉬운 일은 아니죠.

아이의 지루한 기다림을 달래 주는 것은 바로 그림 그리기예요. 밀키는 수첩과 크레용을 가지고 다니며 차 안에서, 카페에서, 그리고 숙소에서 항상 뭔가를 그려요. 전날 목장에서 소에게 풀을 먹여 주었던 추억을 그리기도 하고, 며칠 전 꾼 꿈 이야기를 그리기도 하고요.

아이의 즐거운 기다림을 위해 저는 그림 도구를 꼼꼼히 챙겨요. 여행 중에 밀키가 즐겨 사용하는 그림 도구를 소개할게요.

● 작은 스케치북

아이가 무릎 위에 펴 놓고 그릴 수 있는 사이즈라면 무엇이든 좋습니다. 밀키는 그림만 그리는 것이 아니라, 스탬프를 찍기도 하고 스티커를 붙이기도 해요. 여행이 끝날 무렵 이 작은 스케치북은 여행의 기록이 고스란히 담겨 있는 스크랩북이 되지요.

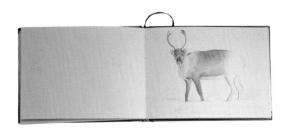

● 워터 브러시

워터 브러시는 획기적인 발명품인 것 같아요. 밀키가 정말 좋아하는 도구죠. 브러시에 물을 담아 가지고 다니면서 어디서든 물감 놀이를 할 수 있습니다. 팔레트를 가지고 가기가 좀 버겁다 싶을 때 수채 색연필과 함께 챙기곤 해요.

● 채색 도구

어릴 때는 크레용 하나로도 잘 놀지만, 조금 더 긴 시간 아이가 무언가에 집중하길 원한다면 색다른 그림 도구들을 챙겨 주세요. 작은 마커 세트나 고체 물감이 담긴 미니 팔레트가 유용하죠.

여행의 추억이 고스란히 담긴 스크랩북

여행에서 돌아오면 순식간에 여행의 기억이 삭제되어 버리는 밀키를 위해 매번 여행 스크랩북을 만들어요. 기억에 남는 경험을 중심으로 여행 중 찍은 사진을 정리하는 거죠. 스크랩북을 만드는 것은 꽤 손이 많이 가는 일이에요. 하지만 한 번 만들어 두면 두고두고 보게 되더라고요.

사진이 적으면 포토 프린트로 출력을 해서 티켓과 함께 꾸미고요, 사진이 많으면 스크랩북을 한 권 만들어 현지에서 샀던 스탬프, 스티커, 티켓 등으로 꾸며요. 그림책처럼 그때그때 있었던 일을 이야기로 적어 가면서요. 가족과의 추억이 담뿍 담긴 여행 스크랩북, 아이와 함께 만들어 보세요.

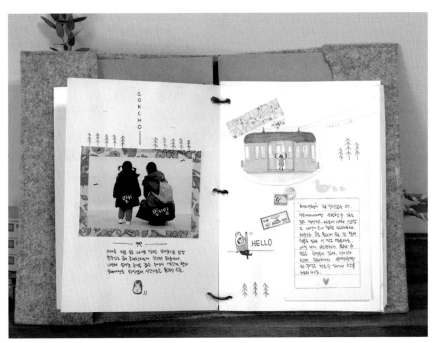

돌하르방 방향제 만들기

'제주' 여행

　제주도에서 돌하르방을 보고 '어, 우리 할아버지 닮았다!' 하며 반가워한 밀키. 여행 내내 돌하르방 모양의 초콜릿과 젤리를 먹으면서 즐거워했어요. 집으로 돌아와 제주에서 사 온 과자들을 다 먹어 치울 때쯤, 다시 제주가 그리워지더군요. 제주 여행의 추억을 되살리고 싶어서 감귤 향기가 나는 돌하르방 모양 방향제를 만들어 보기로 했어요! 엄마와 아빠는 분량에 맞게 재료를 덜어 주시고 섞는 작업은 아이가 할 수 있도록 도와주세요. 숫자를 아는 아이라면 저울을 읽는 것부터 슬쩍 시켜 보시면 어떨까 합니다.

　여행지에서 찍었던 사진이나, 기념품으로 산 자석 등은 사소한 물건이지만 아이들이 여행을 좀 더 오래 추억하게 하는 힘이 있는 것 같아요. 애써서 준비하고 다녀오게 되는 가족 여행이니만큼 좀 더 그 여운이 길게 남을 수 있는 방법을 고민해 보세요.

207쪽에 '잘라서 쓰는 놀이 카드'가 있습니다.

⟨ · **준비물** · ⟩ 석고 가루, 돌하르방 몰드, 물, 올리브 리퀴드, 식용 색소(주황색), 귤 계열 에센셜 오일, 종이컵, 나무젓가락

1 몰드에 미리 오일을 좀 발라 주세요. 그러면 나중에 석고를 분리하기가 편하거든요. 저는 너트 오일이 있어
   서 스펀지로 발라 줬어요.

2 석고 가루를 종이컵 반 정도(100g) 채워 주세요. 조금씩 물(약 33g)을 부어 가며 잘 섞어 주세요. 농도는
   주르륵 살짝 흐를 정도가 좋아요. 저울로 정확히 재서 넣으면 실패율이 적어요.

3 주황색 식용 색소 10방울, 올리브 리퀴드 1 어른 숟가락(10g), 에센셜 오일 1 어른 숟가락(10g)을 넣어 주
   세요.

<u>4</u> 석고는 굳을 때 약간의 발열이 생기니 조심해서 몰드에 부어 주세요.

<u>5</u> 30분 정도 기다린 후 몰드에서 석고를 꺼내요. 귤 향기 가득한 하르방 방향제가 완성되었습니다.

    저는 조금 남은 석고를 얼음 틀에 붓고 차량용 방향제 집게를 꽂아 줬어요. 차에서도 제주의 느낌이 물씬 나는 귤 향을 맡고 싶어서요. 아이와 함께 제주 여행을 다녀오셨다면 도전해 보세요! 즐거운 추억이 또 하나 늘어납니다.

스텐실 기법을 이용한 해태 만들기

'일본' 여행

오키나와는 유명한 가족 여행지죠. 제주도에 탐라국이 있었던 것처럼 오키나와는 지난날 한국, 중국과 교류하던 독립된 왕국이었어요. 일본의 침략이 있고 난 후 이제는 '류큐'라는 이름을 쓰지 않지만 지역의 식재료를 이용한 전통 음식이나 수제 공예품, 술을 빚는 방식 등 일본 본토와 다른 오키나와만의 정체성을 지키려고 노력하고 있죠. 오키나와만의 문화를 알리고 보존하는 방식을 조금 더 알아보고 싶어 밀키 가족은 오키나와 전통 염색을 배울 수 있는 공예점으로 찾아갔어요.

사방이 바다인 오키나와는 산호를 모티프로 한 염색 공예가 발달했죠. 제가 찾아간 곳은 멋스러운 3층짜리 목조 건물이었는데, 류큐 왕국 시대에 높은 직위의 사람이 살았던 곳이라 하더군요. 1층에서는 염색 장인들이 만든 제품을 팔고, 2층에서는 체험 공방을 운영하고, 3층에서는 장인들이 기모노 원단을 만들고 있었죠. 오키나와를 상징하는 무늬가 새겨진 다양한 산호석과 장인들의 손끝에서 완성된 아름다운 작품들을 감상할 수 있었어요.

2층의 공방에 올라가 먼저 천을 골라 봤어요. 밀키는 무지 티셔츠를 골랐어요. 한 땀 한 땀 다듬은 산호석에 천을 고정시키고, 전통 염료로 예쁘게 염색을 시작했어요. 톡톡톡톡, 열심히 물감을 문지르며 염색을 마친 밀키의 얼굴에 웃음이 퍼졌어요. 오키나와 여행 내내 입고

염색 체험을 한
티셔츠를 입었습니다.

다닐(그리고 실제로 입고 다닌) 밀키만의 티셔츠가 완성되었거든요. 티셔츠 안에는 물고기와 산호, 오키나와라는 글씨 그리고 무지개가 들어 있었죠. 해변에서 조개를 주울 때, 생선 요리를 먹을 때, 천에 새긴 글씨랑 똑같은 글씨를 길에서 찾을 때마다 우리는 마주 보고 웃었답니다.

오키나와 여행을 가서 가장 많이 본 것은 바로 '시사シーサー'(복을 부르고 액을 막아 준다는 오키나와 전설의 동물)예요. 그런데 그 모습이 어디서 많이 본 듯한 느낌이 들었어요. 우리나라 '해태'와 '시사'가 닮은 것 같지 않나요? 해태는 나쁜 사람을 혼내 주거나 화마를 막아 주는 상상의 동물로, 사자와 비슷하나 머리에 뿔이 있고 몸은 비늘로 덮여 있대요. 저는 밀키와 오

키나와에서 해 본 전통 염색 체험을 응용해 해태를 만드는 아트놀이를 해 보기로 했어요. 해태가 어떻게 생겼는지 가물가물하시다고요? 마지막에 첨부된 해태 도안을 이용하시면 편하게 하실 수 있어요. 간단한 스텐실 기법을 이용할 거거든요.

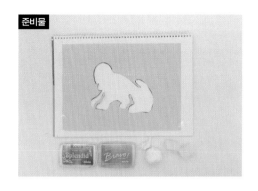

준비물 해태 도안, 휴지, 도장 잉크 패드, 종이, 칼, 펜

1 칼로 해태 도안(205쪽)의 안쪽 선을 따라 오려 주세요. 스텐
실할 종이 위에 도안을 놓고 고정해 주세요.

2 휴지를 동그랗게 말아 잉크를 묻힌 후, 아이에게 콩콩 찍으라
고 알려 주세요. 스펀지에 잉크를 묻혀 찍어도 되고, 도장 잉
크 대신 물감을 이용해도 됩니다.

3 색상별로 휴지를 갈아 가며 찍으면 더 예쁩니다.
  • 그라데이션의 완성도를 높이는 팁은 옅은 색부터 시작하는 거예
    요. 그리고 물감을 적게 묻히는 것도 잊지 마세요!

4 해태 모양이 완성되면 도안을 걷어 주세요.

5 펜으로 눈, 코, 입을 그리고 꾸며 주면 예쁜 해태 완성! 해태에
대해서도 알고, 스텐실 기법도 배우고 일석이조죠?

이끼 정원 만들기

2018년 대만, 타이베이에서 전시를 하게 되었어요. 전시 공간인 송산 문창원구의 warehouse는 일본 식민지 시절 담배 공장이었다고 해요. 역사적인 공간이라 정부 차원에서 못은커녕 테이프 하나도 마음대로 붙일 수 없게 했죠. 무척 제한적이었지만, 백시 같은 삼차원의 공간에 자유롭게 그림과 소개 배너를 설치했어요. 인생에 독특하고 재미있는 경험이 하나 더 추가되었음을 느꼈죠.

어쩌다 보니, 전시를 준비할 때부터 철거할 때까지 모든 순간 밀키와 함께하게 됐어요. 아

이에게는 전시장이 놀이터 같았나 봐요. 밀키 아빠와 제가 설치 작업을 하느라 바쁠 때에는 준비 도구들 사이에 앉아 간식을 먹기도 하고, 옆 전시를 기웃거리며 구경을 하기도 하더라고요. 전시 시작 후에는 아티스트들의 라이브 드로잉을 보거나 작업에 직접 참여하면서 저보다 더 알차게 전시를 즐겼답니다. 그러더니 전시가 끝날 무렵에는 "나도 내 그림 전시할래!" 하면서 제 방명록에 그림을 쓱

쓱 그려 놓고 가더라고요.

전시회가 열렸던 기간은 대만의 황금연휴 때라 전시장은 많은 사람으로 북적였습니다. 저는 전시장을 찾은 대만 사람들에게 저와 제 작품에 대해 소개를 해야 할 것 같은 생각이 들었어요. 그래서 소개하는 글을 준비했는데, 영문을 얼마나 열심히 읽어 줄까 의구심이 들었죠. 그런데 그림만 보는 것이 아니라 제 소

개 글까지 찬찬히 읽어 보고 가는 사람들이 정말 많아서 놀랐어요. 심지어 무릎을 꿇고 글을 읽는 사람도 있었고, 조심스럽게 명함을 집어 드는 사람, 영어로 궁금증을 질문하는 사람, 정성스럽게 방명록을 써 주는 사람들을 보면서 문화에 대한 사람들의 열정에 다시 한번 감탄했죠.

대만에서의 전시는 저와 밀키가 중화권 문화와 예술을 접하는 좋은 기회가 되었어요. 또 제 옆 공간에는 미국에서 온 작가가, 뒤에는 홍콩에서 온 작가와 북유럽에서 온 공예 작가가 있었는데, 그들과 생각을 나누고 그들의 무한한 상상력이 발휘된 작품을 감상하는 것은 매

우 특별한 경험이었습니다.

타이베이 전시 후 화산 1914 문화창의산업원구를 가 보았어요. 타이베이에는 대표적인 예술 지구가 두 군데 있어요. 송산 문창원구와 화산 1914 문화창의산업원구가 바로 그곳입니다. 화산 1914 문화창의산업원구에서는 마침 아트 마켓이 열리고 있었어요. 아이와 함께 할 수 있는 클래스도 있었지요. 밀키와 이끼, 드라이플라워를 이용해 도깨비를 만드는 클래스를 해 보았어요.

여행에서 돌아온 후, 밀키는 꽃과 이끼로 도깨비 인형을 만드는 시간이 정말 즐거웠다고 하더군요. 그래서 비슷한 방식으로 밀키가 좋아하는 그림책에 나오는 정원을 만들어 보기로 했어요. 쉽고 간단해서 밀키베이비 아트클래스에서도 많은 아이들과 만들어 보았는데 아이들이 정말 즐거워하더라고요.

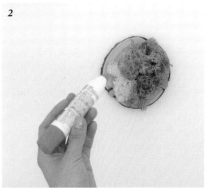

‹ 준비물 › 나무 받침대, 이끼(스칸디아모스), 드라이플라워,
폼폼, 작은 피규어나 장식물, 목공용 풀

1 나무 받침대에 목공용 풀을 충분히 발라 주세요.

2 이끼를 받침대에 올려 주고, 목공용 풀을 이끼 위에 골
고루 짠 후 이끼를 더 얹어 줍니다. 이끼를 너무 많이
올리면 쓰러지니까 받침대 안쪽까지만 채워 주세요. 이
과정을 반복해서 이끼를 폭신하게 깔아 주세요.

3 드라이플라워와 폼폼, 피규어 등으로 자유롭게 꾸며 주
세요.

4 동화 속에 나올 법한 예쁜 정원이 완성되었습니다.

힘멜리 만들기
'핀란드' 여행

한때 우리나라에 북유럽 디자인 열풍이 불었었죠. 물고기, 침엽수 그림만 있어도 '노르딕'이란 말을 붙이던 시기에 저는 밀키와 함께 핀란드와 에스토니아로 떠났어요. 처음에는 그토록 많은 사람이 열광하는 북유럽 디자인의 매력이 무엇인지 궁금했어요. 그런데 북유럽 여행을 하다 보니 그보다 디자인 이면에 담긴 핀란드 사람들의 생활 방식과 철학에 더 관심이 가더군요.

핀란드의 디자인은 핀란드의 자연환경, 그리고 그곳 사람들의 생활 방식과 깊이 연관되어 있어요. 삼림이 국토의 70퍼센트를 덮고 있고 그 가운데 침엽수가 절반을 차지하다 보니 자연스럽게 그것이 그림의 소재가 된 것처럼 말이죠. 또 삼림 자원이 풍부하기 때문에 목재를 활용한 가구나 생활용품이 많고, 북극과 가까워 금방 어둠이 찾아오는 탓에 다양한 조명 장치와 밝은 색의 그릇, 기분을 밝게 만들어 주는 커다란 패턴의 직물이 많이 팔리죠. 실제로 핀란드 사람들은 일조량이 부족한 날씨 때문에 우울함을 느끼는 경우가 많아 소모임을 자주 갖는다고 합니다. 여행 중 제가 들른 공원 곳곳에서도 명상이나 요가 모임이 이루어지고 있었죠.

밀키와 헬싱키의 디자인 디스트릭트를 돌아다니며, 이런 핀란드 사람들의 특성과 핀란드

핀란드의 공원과 디자인 숍 모습입니다.

의 환경이 디자인과 어떻게 연결되는지 찾는 시도를 했어요. 아이와 이런저런 이야기도 나누면서요. 그런데 헬싱키의 디자인 숍에서 반복적으로 보이는 구조물이 있더군요. '힘멜리'라는 것인데요, 힘멜리는 '하늘, 천국'이라는 뜻을 가지고 있어요. 핀란드의 크리스마스 장식으로 많이 쓰이는데, 옛날엔 풍작을 기원하며 추수 후 짚으로 만들어서 식탁 위에 걸어 두었다고 해요. 요즘은 금속 파이프나 나무 등 다양한 재료로 만들어서 전등갓, 화분 걸이로 활용하기도 하죠.

핀란드 여행 후 저는 종이 빨대를 이용해 밀키와 간단한 구조의 힘멜리를 만들어 보았어요. 먼저 이런 모양이 될 거라고 아이에게 사진을 보여 주었죠. '뭘 하는지도 모르고' 시키는 대로 반복 작업을 하는 것과 '머릿속으로 구상'을 하며 능동적으로 작업을 하는 것은 무척 다르거든요.

209쪽에
'잘라서 쓰는 놀이 카드'가
있습니다.

◇ ·준비물· ◇ 종이 빨대 반으로 자른 것 12개, 피아노 줄, 가위, 장식물(이끼, 솔방울, 구슬 등)

1 줄을 150cm 정도 길이로 자른 후 빨대 속에 넣어 삼각형을 만들어 주세요.

2 빨대 2개를 더 끼워서 한 변을 공유하는 삼각형을 만들어 주세요. 2개 중 나중 빨대를 끼울 때는 처음 만든
   삼각형과 맞닿는 꼭짓점에 실을 묶어 주세요.

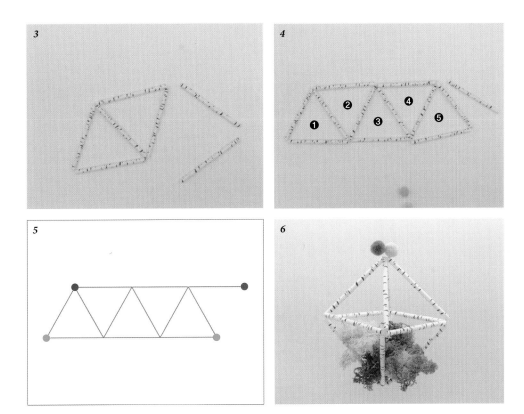

3 빨대를 2개씩 더해 가며 계속 삼각형을 만들어 주세요.

4 화살표를 따라 삼각형을 계속 만들면, 삼각형 5개가 나오고 마지막 하나의 빨대를 끼우게 되죠.

5 그림에 같은 색으로 표시된 부분끼리 맞닿게 모아 서로 묶습니다. 평면적인 삼각형들이 이제 입체로 변하는 것을 보실 수 있어요.

6 그냥 묶어서 걸어 두어도 좋지만 구슬이나 이끼 등의 장식물을 끼워 주면 더 예뻐요.

저는 장면 사이에 공백도 적절히 있고
설명도 친절한 애니메이션을 골라 아이와 함께 보고
그것에 대해 이야기를 나누거나 연관하여 놀이를 합니다.

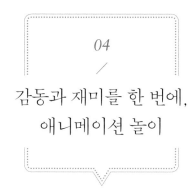

감동과 재미를 한 번에,
애니메이션 놀이

아트 감수성을 높여 주는 애니메이션

아트놀이에 대해 이야기하다가 갑자기 무슨 애니메이션이냐 하실 것 같아요. 저는 아날로그 형식의 놀이가 중요하다고 생각하는 사람 중 하나입니다만, 그렇다고 해서 디지털 매체를 완전히 무시할 수는 없죠. 요즘 아이들은 의사 표현도 제대로 하지 못하는 어린 나이일 때부터 스마트폰, 태블릿, 컴퓨터 등을 통해 다양한 영상물을 접합니다. 시대가 시대이니 만큼 이런 현상을 무조건 막을 수는 없어요. 그렇다면 아이들 스스로 좋은 콘텐츠를 고를 수 있도록 안목을 길러 주어야 하지 않을까요?

잘 만들어진 애니메이션은 재미있을 뿐만 아니라 유익한 점도 많아요. 저는 개인적으로 치밀한 전개를 좋아하지만, 이것이 어린아이들에게는 적합하지 않다고 생각해요. 전개가 빠른 애니메이션은 그 자체의 완성도는 높을지라도 아이들에게 생각할 틈을 주지 않는다는 단점이 있어요. 아이들은 장면이 전환될 때 그 사이에 존재하는 공백을 상상하는 데 능숙하지 않기 때문에 전개가 빠른 애니메이션을 볼 경우 그저 내용이 흘러가는 대로 끌려가 버리기 일쑤죠. 그래서 저는 장면 사이에 공백도 적절히 있고 설명도 친절한 애니메이션을 골라 아이와 함께 보고 그것에 대해 이야기를 나누거나 연관하여 놀이를 합니다.

밀키베이비가 추천하는 애니메이션 5편

『The Very Hungry Caterpillar』

『배고픈 애벌레』라는 유명한 그림책을 애니메이션으로 만든 영상이에요. 책에 등장하는 애벌레를 귀엽게 잘 표현하고 있고, 에릭 칼 작품 특유의 색채 감각을 그대로 재현해 놓아서 아이들과 보기 좋아요. 『배고픈 애벌레』는 아기들도 즐겨 보는 책인데, 책에 흥미를 잃을 때쯤 보여 주니 "아, 나 이 이야기 알아!" 하면서 반가워하더라고요. 애니메이션을 본 후에는 애벌레를 직접 그려 보는 아트놀이도 해 보았어요.

『A Fox And A Mouse』

그림만으로도 충분히 재미있는 그림책이 있듯이, 영상과 음악만으로도 큰 감동을 주는 애니메이션이 있습니다. 이 애니메이션은 영상의 완성도도 높을뿐더러 짧은 내용이지만 기승전결을 갖추고 있어, 저도 여러 번 반복해서 본 작품이에요. 자극적인 요소가 없으면서도 긴장감과 친근감을 동시에 잘 살리고 있어서 어린아이들이 보기에 적절해요.

『LAVA』

'라바'는 화산섬의 사랑 이야기를 음악과 함께 따뜻하게 그리고 있
는 작품이에요. 우쿨렐레 반주를 바탕으로 한 노래는 하와이를
떠올리게 하죠. 기승전결이 뚜렷하고 반전도 있어서 밀키도 재
미있어하더라고요. 화산이 뭔지, 마그마가 뭔지 궁금해하는 밀키에게 섬이 만들어지
는 과정을 이야기해 주기도 했죠.

『이웃집 토토로(ㄴなりのㅏㅏㅁ)』

부모님 중에는 친숙한 분도 많으시리라 생각해요. 아름다운 배
경 음악을 바탕으로 동심의 세계를 잘 표현한 이 작품은 지브
리사의 수많은 애니메이션 중에서도 수작으로 꼽히죠. 직접
감상하고 나면 30년간 인기가 식지 않은 이유를 알 수 있어요. 3-5세의 아이들이라
면 토토로의 세계를 이해할 수 있을 거예요.

『프린스 앤 프린세스(Princes Et Princesses)』

프랑스 미셸 오슬로 감독의 그림자 연극 애니메이션이에요. 1999년
도에 만들어졌지만 하나도 촌스럽지 않아요. 처음 이 애니메이션을
극장에서 봤을 때의 충격을 아직도 기억해요. 너무 아름답고도 기
이한 영상이었죠. 단막극으로 구성되어 있어 짧게 보여 주기도 좋
고, 왕자와 공주의 이야기를 다루고 있어 아이도 흥미로워합니다.

먹을 수 있는
마녀 빗자루 만들기

　여섯 살이 된 후 밀키는 『마녀 배달부 키키』라는 애니메이션을 즐겨 보기 시작했어요. 이 만화에서 주인공 '키키'는 스스로 살 곳을 개척하고 남에게 도움을 주는 방법을 터득해 가는 등 여러 모로 자기 주도적인 모습을 보여 줍니다. 착하기도 하고요. 종교적인, 혹은 여성 탄압 등의 여러 이유로 굳어진 마녀의 사악한 이미지와는 사뭇 달라서 더욱 매력적인 것 같아요.

　애니메이션을 같이 본 후 밀키와 저는 치즈와 과자로 마녀 빗자루를 뚝딱 만들어 먹으며 조잘 조잘 마녀에 대해 이야기를 나누었어요. 밀키는 치즈를 돌돌 마는 것을 도와주기도 하고, 자그마 한 인형을 과자 빗자루에 태워 보기도 하며 놉니다.

1-2

3

4

• 준비물 • 치즈 한 장, 크래커 스틱 4개, 버터나이프

1   치즈 한 장을 4등분해 주세요.

2   ¼쪽이 크래커 스틱 하나를 두를 수 있어요. ¼쪽의 절반만 0.5cm 간격으로 갈라 주세요.

3   크래커 스틱의 끝부분을 치즈로 돌돌 말아 감싸 주세요. 스프링클을 뿌려 주거나 초코 펜으로 장식을 하면
      더 멋진 빗자루를 만들 수 있어요.

4   빗자루처럼 세우면 끝! 슝 날아서 입으로 쏙쏙 들어가는 마녀 빗자루입니다.

일상에서 아트를 만나는
엄마와 아이

'아트라는 건, 감수성이 뛰어나고 예술적 재능을 타고나야만 제대로 즐길 수 있는 것일까?' 저는 늘 이런 의문을 품고 있었죠.

그러다 아이를 키우면서 알게 되었어요. 사람들이 일상에서 자연스럽게 하는 놀이와 예술 활동이 별반 다르지 않다는 것을요. 아이들은 아트와 놀이를 분리해서 생각하지 않아요. '나는 예술적 재능이 없어.' 혹은 '나는 이 놀이를 할 능력이 부족해.'라고 생각하지 않지요. 노랫소리가 들려오면 본능적으로 엉덩이를 흔들고, 손과 발에 잔뜩 물감이 묻으면 고민도 하지 않고 여기저기 찍어 대며 다양한 모양을 만들죠. 커다란 동그라미, 찌그러진 동그라미, 길쭉한 동그라미를 구분하지 않고 그저 동그라미를 그린 것에 만족해요. 이렇게 아이들이 놀이로 행하는 예술 활동에는 정답도 등수도 없어요.

아트놀이라는 주제로 한 권의 책을 마무리하는 이 순간에도 저는 고민합니다. 아트놀이가 아이들 안에 자연스럽게 자리 잡게 하려면 어떻게 해야 할까 하고 말입니다. 잘 노는 아이가 어른이 되었을 때 세상을 더 잘 살아갈 수 있다고, 저는 그렇게 믿거든요.

그런데 가끔 놀이가 점점 사라지고 있는 것 같은 위기감을 느낄 때가 있어요. 우리 아이들이 앞으로 더 순수하고, 더 자유롭고, 더 신나게 노는 데 이 책이 도움이 되기를 바랍니다. 익숙한 공간에서 끊임없이 새로운 것을 탐구하고, 스스로 손을 움직여 상상하던 것들을 만들어 내고, 자신의 생각을 몸으로 표현하는 즐거움을 아이들이 느낄 수 있게 해 주고 싶은 마음이 간절해요. 그 간절함으로 어느덧 이 책의 끝자락을 쓰고 있네요.

끝으로 이 책을 쓰는 동안 저와 함께 놀아 준 밀키, 책을 쓰는 데 집중할 수 있도록 늦은 밤 빨래를 개 준 밀키 아빠, 생각할 거리를 끊임없이 던져 준 언니, 반찬을 만들어 주시고 아이를 봐 주신 부모님들, 이 책을 함께 만들어 주신 창비 교육 출판사 분들, 그리고 무엇보다 밀키베이비를 응원해 주시는 우리 독자 분들께 고맙다는 인사를 하고 싶습니다.

밀키베이비 김우영

부록

스텐실 기법을 이용한 해태 만들기(180쪽) 도안

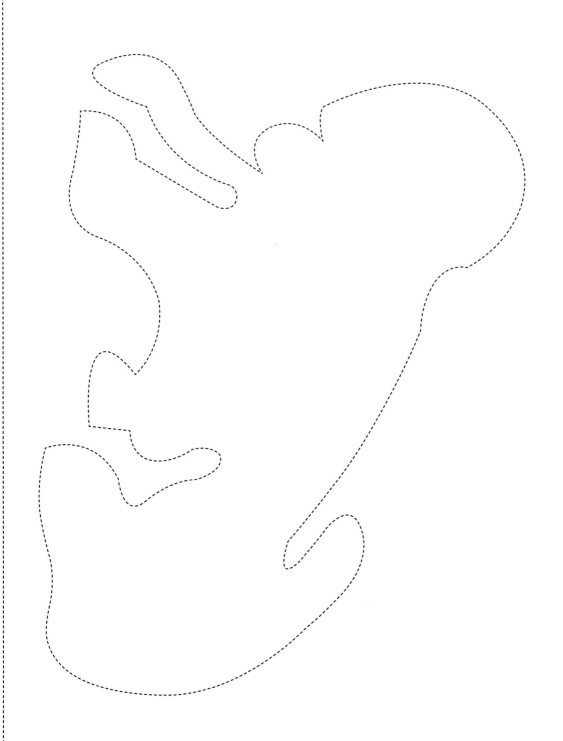

풍덩! 입욕제 만들기

돌하르방 방향제 만들기

준비물 베이킹 소다, 구연산, 애쓰셜 오일, 보디 오일, 머핀 틀이나 실리콘, 천연 색소, 종이컵

❶ 베이킹 소다 2컵, 구연산 1컵을 골고루 섞어 주세요.
❷ 애쓰셜 오일 6~7 방울을 한 방울씩 떨어뜨리며 섞습니다. 6번가량 반복해 주세요. 한꺼번에 넣으면 뭉쳐지지 않아요.
❸ 보습용 보디 오일을 10방울 뿌려 줍니다.
❹ 종이컵에 나눠 담고 천연 색소를 섞습니다.
❺ 머핀 틀(또는 실리콘)에 넣고 꾹 누릅니다.
❻ 2시간 정도 굳힙니다. 다 군으면 바닐에 싸서 보관하고 목욕할 때마다 하나씩 욕조에 퐁당!

준비물 석고 가루, 둘이리운밧 몰드, 물, 올리브 리퀴드, 식용 색소(주황색), 콩 계핑 애쓰셜 오일, 종이컵, 나무젓가락

❶ 몰드에 미리 오일을 좀 발라 주세요. 그러면 나중에 석고를 분리하기가 편해지거든요. 저는 나눈 오일이 있어서 스펀지로 발라 졌어요.
❷ 석고 가루를 종이컵에 반 정도(100g) 채워 주세요. 조금씩 물엇 33g을 부어 가며 잘 섞어 주세요. 는 주르륵 살짝 흐름 정도가 좋아요. 저울로 정확히 재서 넣으면 실패할이 적어요.
❸ 주황색 식용 색소 10방울, 올리브 리퀴드 1 아른 숟가락(10g), 애쓰셜 오일 1 아른 숟가락(10g)를 넣어 주세요.
❹ 석고는 금을 때 약간의 발열이 생기나 조심해서 몰드에 부어 주세요.
❺ 30분 정도 기다린 후 몰드에서 석고를 깨세요. 콩 향기 가득한 허브밧 방향제가 완성되었습니다.

꼬마 클림트 되기

힘멜리 만들기

준비물 부모와 아이가 안고 있는 사진이나 그림 한 장, 미니 모자이크 타일, 접토, 도화지, 반짝이 풀(금색)

① 밀가루 제가 꼭 깨안고 있는 그림 한 장을 준비했어요. 그림을 도화지에 붙이고 접토로 치마 부분을 채워요.

② 타일을 접토 위에 꾹꾹 눌러 붙입니다.

③ 빈 부분에 구불구불한 나무를 그립니다. 아이가 채색을 다 하거든 어려우니 금색이 들어간 반짝이 풀이나 물감을 나무에 찍어 보기 좋게 해주세요. 모양 은 종지나 동그랗게 만 휴지로 물감을 콕콕 찍으면서 금색 나뭇잎을 표현해 보게 하면 좋습니다.

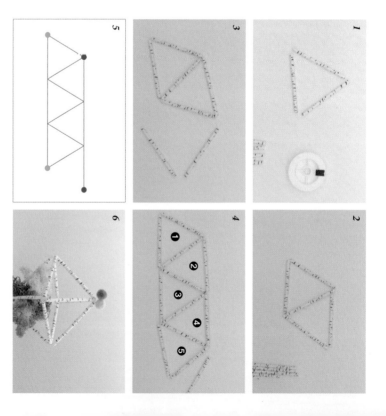

준비물 종이 빨대로 자른 것 12개, 피아노 줄, 기위, 주석물

① 줄을 150cm 정도 길이로 자른 후 빨대 속에 넣어 삼각형을 만들어 주세요.

② 빨대 2개를 더 끼워서 한 변을 공유하는 삼각형을 만들어 주세요. 2개 중 나중 빨대를 끼울 때는 처음 만든 삼각형과 맞닿는 꼭짓점에 실을 묶어 주세요.

③ 빨대를 2개씩 더해 가며 계속 삼각형을 만들어 주세요.

④ 화살표를 따라 삼각형을 계속 만들면, 삼각형 5개가 나오고 마지막 하나의 빨대를 끼우게 되죠.

⑤ 그림에 걸린 색으로 표시된 부분끼리 맞붙게 모아 서로 묶습니다. 평면적인 삼각형들이 이제 입체로 변하는 걸 보실 수 있어요.

⑥ 그냥 묶어서 걸어 두어도 좋지만 구슬이나 이끼 등의 장식물을 끼워 주면 더 예뻐요.

맛있는 트리 만들기

즐거운 쿠키 만들기

준비물 캐러멜, 팝콘, 아이스크림콘

❶ 캐러멜을 전자레인지에 15초 정도 녹여 주세요. 풀처럼 쓸 거거든요.(중간에 굳으면 다시 5~10초 정도 녹여 주시면 됩니다.)

❷ 콘볼 안에 놓고 팝콘을 캐러멜에 찍어서 붙여 주세요. 이때 콘이 허전부터 붙여야 해요. 스크림콘이나 슈거 파우더가 있으면 장식해도 좋아요. 저는 꼭대기에 마시멜로를 꽂아 주었어요.

❸ 접시에 옮긴 후 냉장고에서 조금 굳혀 주세요.

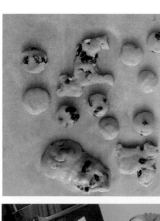

준비물 박력분 밀가루 두 컵, 버터 반 컵, 베이킹파우더, 계란 한 개, 바닐라 엑스트렉, 설탕 반 컵, 초콜릿 칩, 모양틀

❶ 쿠키 재료를 잘 섞어서 반죽을 만듭니다. 계란 물은 조금만 따로 남겨 두세요.

❷ 반죽을 1시간 정도 냉장고에 두었다가 꺼내 주세요.

❸ 모양틀로 아이들과 함께 쿠키 모양을 자유롭게 만들어 주세요.

❹ 따로 남겨 두었던 계란 물이나 숟가락으로 쿠키 표면에 발라줍니다.

❺ 180℃로 예열한 오븐에 20분간 구워 줍니다.

완성 작품 사진이나 그림을 붙여 주세요.

완성 작품 사진이나 그림을 붙여 주세요.

오늘 또 뭐 하지?

밀키베이비의 감성 아트놀이

초판 1쇄 발행 2019년 11월 11일

지은이 김우영
펴낸이 강일우
편집 이혜선 이진
펴낸곳 ㈜창비교육
등록 2014년 6월 20일 제2014-000183호
주소 04004 서울특별시 마포구 월드컵로12길 7
전화 1833-7247
팩스 영업 070-4838-4938 편집 02-6949-0953
홈페이지 www.changbiedu.com
전자우편 textbook@changbi.com

ⓒ 김우영 2019
ISBN 979-11-89228-44-6 13690